女人财务自由通识课

Rewire for Wealth

Three Steps Any Woman Can Take to Program Her Brain for Financial Success

3步帮你成为金钱的朋友

【美】芭芭拉·休森（Barbara Huson）/著
杨舒涵/译

中华工商联合出版社

图书在版编目（CIP）数据

女人财务自由通识课：3 步帮你成为金钱的朋友 /（美）芭芭拉·休森著；杨舒涵译．-- 北京：中华工商联合出版社，2022.5

书名原文：Rewire for Wealth: Three Steps Any Woman Can Take to Program Her Brain for Financial Success

ISBN 978-7-5158-3372-9

Ⅰ．①女… Ⅱ．①芭… ②杨… Ⅲ．①女性－私人投资－通俗读物 Ⅳ．① F830.59-49

中国版本图书馆 CIP 数据核字（2022）第 061539 号

女人财务自由通识课：3 步帮你成为金钱的朋友

著　　者：【美】芭芭拉·休森（Barbara Huson）
译　　者：杨舒涵
出 品 人：李　梁
策划编辑：于建廷　臧赞杰
责任编辑：付丽梅　臧赞杰
封面设计：周　源
责任审读：李　征
责任印制：迈致红
定　　价：58.00 元

出版发行：中华工商联合出版社有限责任公司
印　　刷：北京毅峰迅捷印刷有限公司
版　　次：2022 年 6 月第 1 版
印　　次：2022 年 6 月第 1 次印刷
开　　本：710mm × 1000 mm 1/16
字　　数：240 千字
印　　张：15.75
书　　号：ISBN 978-7-5158-3372-9

服务热线：010-58301130-0（前台）
销售热线：010-58301132（发行部）
010-58302977（网络部）
010-58302837（馆配部）
010-58302813（团购部）
地址邮编：北京市西城区西环广场 A 座 19-20 层，100044
Http：//www.chgslcbs.cn
投稿热线：010-58302907（总编室）
投稿邮箱：1621239583@qq.com

谨以此书献给吉尔·罗杰斯（Jill Rogers）

衷心感谢您的不断支持

感谢您给予我无条件的爱

感谢您为我提供了不可思议的智慧

关于本书的赞誉

在过去的八年里，芭芭拉一直是我的理财导师。她有一种不可思议的能力，能够将形而上学的智慧与良好的金融常识联系起来。她的作品对于任何希望以自己的方式获得财务自由的人来说都是一种强大的助力。《女人财务自由通识课》会给你带来一个充满感情的旅程，它将激励你过上应得的富裕生活，现在在芭芭拉的帮助下，你终于可以实现这样的生活！

——瑞哈·高迪斯（RHA GODDESS），艺术家，活动家，

Move the Crowd公司CEO，《使命》的作者

在金钱问题上，我们都需要成为自己的拥护者。芭芭拉·休森来这里是为了确保我们不仅能得到知识，而且能做出我们需要的改

变，重建我们的金钱观。她提高了我们对自己的期望，这是无价的。

——鲍比·瑞贝尔（BOBBI REBELL），
《如何成为金融成年人》的作者

让芭芭拉·休森担任我的理财导师是一种变革，在我看来，她是我们这个时代最深刻的理财导师。这是一本重要的书，我鼓励大家阅读，因为如果没有经济上的满足，就不可能有一个更加公平和繁荣的未来。

——克劳迪娅·陈（CLAUDIA CHAN），
领导力教育平台S.H.E.峰会的创始人，
《纽约时报》知名作者，《我们如何崛起》的作者

芭芭拉致力于帮助女性在金钱问题上变得更聪明，这样她们就能自信地做出最佳的财务决策。在本书里她将那些知识讲得比以往任何时候都更加详细，指明了从困惑到理解的道路，把我们带到意想不到的地方。

——丽兹·韦斯顿（LIZ WESTON），
个人理财专栏作家，《你的信用值》的作者

芭芭拉·休森掌握着为我们这个时代聪明、有意识的女性提供经济赋权的万能钥匙。她才华横溢、睿智而富有启发性的著作、演讲和计划，将向您展示创造持久财富的途径，这将成为您通往更重

要的事情——最光明的未来——的大门。我愿意给予她的作品最高的评价。

——克莱尔·扎米特（CLAIRE ZAMMIT），
博士，女性力量网站创建者

芭芭拉·休森的书提供了修复你与金钱关系的"方法"，不仅教你个人理财知识，还帮助你从心理、精神上确立健康的财务观念。

——丽莎·兰基（LISSA RANKIN），
医学博士，《纽约时报》畅销书《心重于药》的作者

如果跟金钱打交道让你感到畏缩，你需要这本书。芭芭拉熟练地用简单实用的解决方案揭示了阻碍你前进的因素，从而最终重塑你的思维，真正打造富有的生活。

——大卫·巴赫（DAVID BACH），
《纽约时报》畅销书《精明女人理财之道》《拿铁因素》的作者

《女人财务自由通识课》值得每个女人的强烈关注。芭芭拉长期以来积累的经验和睿智的指导可以为你带来巨大的回报。

——莎莉·赫尔格森（SALLY HELGESEN），
《女性如何成功》联合作者

毋庸置疑，芭芭拉·休森是帮助女性实现财务自由的坚定领导

者。这本书将成为一个游戏规则的改变者，并因此载入史册。

——阿里·布朗（ALI BROWN），

信托基金创始人兼首席执行官

美国的每个女人都需要读这本书！芭芭拉·休森是女性、财富和控制力方面的专家，《女人财务自由通识课》是你获得应有的财务自由的指南。如果你愿意，这本书将改变你的生活。

——玛西·希莫夫（MARCI SHIMOFF），

《纽约时报》畅销书《无缘无故的快乐》和

《女性灵魂鸡汤》的作者

芭芭拉·休森通过深入研究，洞察女性对金钱的看法与男性的不同，帮助女性规划出一条通往老有所养的财富道路。

——琼·查茨基（JEAN CHATZKY），

HerMoney.com网站首席执行官

芭芭拉·休森用最前沿的神经科学讲述理财故事，帮助每一位女性用思维和幽默实现最大的经济潜力。这本书是任何想体验财富满足感的人的必读读物！

——雷吉娜·托马斯豪尔（REGENA THOMASHAUER），

吉娜妈妈女子艺术学校的创始人，《纽约时报》畅销书作者这本书在谈到真正的财务问题时，为女性提供了她们缺少的关键知识。如果你发现自己一直陷入同样的财务困境，那就别再看其他的书了。让你内在满足、外在富有的方法就在这本书中。

——凯特·诺斯鲁普（KATE NORTHRUP），

畅销书《少做事：忙碌妈妈的时间管理法》的作者

目录

第二部分 重塑

第三部分 硬核工具

致谢

本书得以付梓，要归功于很多人对我的无私帮助，我会永远感激、感恩他们。

感谢我优秀的经纪人米歇尔·马丁（Michele Martin），感谢你敏锐的反馈和对本书的坚定支持。如果没有你，这本书永远不会有希望。

我可爱而睿智的编辑谢丽尔·塞古拉（Cheryl Segura），感谢你精到的编辑和富有洞察力的反馈，使我的写作从雏形到成形。

我的好朋友玛西·希莫夫（Marci Shimoff），在我陷入困惑的艰难时刻，花了一个多小时打电话帮助我找到方向，并使我确信，我完全有能力将神经科学的知识运用到本书的内容中。

我杰出的教练阿里·布朗（Ali Brown），他把我推得比我自己走得更远。

我的观察员姐妹苏西·卡罗尔（Suzy Carroll）、克里斯汀·曼沃林（Kristen Manwaring）和特雷莎·韦拉斯（Teresa Verraes），感谢她们无论我处于高潮还是低谷，总是能耐心倾听，为我加油。本书是你们无限鼓励结出的美好果实。

非常幸运，我有一支梦之队——琳达·乔·舒斯勒（Lynda Jo Schussler）、卡尼·米克–海格（Carney Mick–Hager）、詹妮弗·克拉克（Jennifer Clark）、杰米·约翰逊（Jayme Johnson）、布兰迪·伯诺斯基（Brandi Bernoskie），他们每一个人都以自己的方式，在将本书推向世界的过程中起到了不可或缺的作用。我要特别向琳达和卡尼致敬，感谢你们令人印象深刻的才干和非凡的耐心。我爱你们两位。

我亲爱的客户，感谢他们相信我能用重塑财富的理论成功指导他们，反过来，他们也教会我如何把这个理论和实践做得尽善尽美。

我的丈夫，李·休斯，感谢你，你不仅在我深深地沉浸在写本书的过程中时，而且在我们共同生活的岁月里，一直给我无条件的爱和支持。我永远不停地在问自己：我怎么会这么幸运？

前言

拨云见日

> 行为源自思想。
>
> ——《奇迹课程》

我听有人说过，有什么样的思想，就有什么样的人生。这就解释了为什么我一生中大部分时间都在财务愁云中度过。如果我当时知道如何纠正自己关于理财的错误观念，我也不用这么多年在挣扎、挫折和痛苦中度过。我写本书是希望我的经验以及我随后所做的研究能够使您自信而快乐地创造财富、幸福，以及其他您想要和应得的东西。我可以告诉你，在迷雾笼罩了30多年之后，这是一个令人陶醉的高度。

故事从这里开始

> 养育我们的环境对我们的影响根深蒂固。
>
> ——梅勒·哈加德

我被父母培养成一个在经济上一窍不通的人。这不是因为我的父母有什么恶意，而是因为他们像他们父辈以及祖辈一样，都不自觉地受到很多传统观念的影响。

在我大学毕业获得艺术史学位后不久，父亲带我去堪萨斯城吃午餐，我在这座城市长大。这座城市以其梦幻般的烧烤而闻名。亚瑟·布莱恩特餐厅是父亲特别喜爱的一家餐厅，我们在这里吃的烧烤。目光穿过堆积如山的骨头，父亲直截了当地进入主题。

“芭芭拉，你接下来想做什么？”他问。

“我将申请伯克利大学，努力争取艺术史硕士学位，”我兴奋地告诉他，“然后，我将成为一名大学教授。”

当一名老师是我从小的梦想。小时候，我最喜欢的事是和两个妹妹一起玩上学游戏。当然，我一直都扮演老师的角色。每年夏天，我的家人都在大西洋城的木板路上租一间房子度假，而我会为附近的孩子们组织一个夏令营。自然，我是首席也是唯一的辅导员。

但是，父亲对于我的未来有其他想法。他在一根香喷喷的肋骨上咬了一口，喃喃地说：“你的计划非常好。”然后用一块餐巾纸擦掉嘴上的酱汁后继续说："但是你可以在任何时间去做这件事。现在，按照你的年龄，结婚生子是更加明智的选择。"

尽管我渴望去读研究生，但我无法不同意父亲的看法。我尊重我的父亲。毕竟那是20世纪60年代后期。当时的观念是，除非她需要出去挣钱，否则一个女人只需要照看好家里就行。即使参加工作，女性的选择也受到严格限制。长大后，像我所有的朋友一样，我被禁止工作，甚至帮人照看孩子也不行。我唯一被允许从事的工作（无薪）是我高中时在报税公司布洛克（H&R Block）担任接待员，为等待中的客户提供咖啡。我的父亲理查德·布洛克（Richard Bloch）与他的兄弟——我的叔叔亨利·布洛克（Henry Bloch）创立了这家公司，因此，在当地父亲有相当大的影响力。我很高兴，因为这份工作使我逃过了下午的课。

我从来没有像我的表兄弟那样被鼓励参与到家族企业中。每当我问父亲关于钱的问题时，他总是给我同样的建议。"你完全不用担心钱的问题。"他充满宠爱地说道。他真的不希望"他的女孩"为金钱而烦恼。在他看来，总会有一个男人和一份遗产来让我和我的姐妹们衣食无忧。说实话，我喜欢这个建议。我不懂金钱的意义，而且幸运的是，我不需要去弄懂（至少当时我是这么以为的）。

那天吃完午饭回到家，我仍然申请了伯克利大学。命运的安排总是那么具有戏剧性，伯克利大学拒绝了我，而没过多久，我在一次家庭度假中遇见了我未来的丈夫。后来的事情是，在我们结婚一年后，我有了一个乖巧的黑发女儿梅丽莎（Melissa），女儿长得像她英俊的以色列父亲。

但是可惜，母亲身份并不能满足我内心的渴望。虽然我也不知道自己在追求什么，但是我知道我不开心。解决这个问题的方式似乎很明显。我试图再生一个孩子。但这无法实现了，因为医生说，我再也不能生育了。

我伤心欲绝。至少根据我的父母的观念，生孩子是我的天职。然而从后面发生的事来看，我坚信无法受孕是我的灵魂将我指引到了命运的方向上。

我变得非常沮丧，尽管我怀疑没有人知道，我很好地把伤心藏了起来，但是我伤得痛彻心扉。一天晚上，躺在床上，一个念头浮现到我的脑海中。进一步深造将是一种让我分心的最好方式。但是，艺术史已经不再吸引我。我起床，在书架上找到了当地大学的课程目录，然后开始翻阅。第二天太阳升起时，我决定攻读堪萨斯城的密苏里大学的心理咨询硕士学位。老实说，我不知道为什么选择这个专业，我怀疑这是出于我个人对治疗自己伤痛的渴望。这次，我被录取了。

我的沮丧开始消退，生活开始一点点好转。当我还在学校的时候，我们收养了一个漂亮的女婴朱莉（Julie）。我还在大学的妇女中心做志愿工作，后来他们给我提供了一个有薪水的职位。虽然薪水微不足道，但我却喜出望外。迅速发展的妇女解放运动使我（以及无数其他不满的家庭主妇）能够进入劳动力市场并获得实际的报酬。虽然对此我的父母并不开心，但他们勉强默许了。父亲告诉我的丈夫，他不想让我在家庭聚会上谈论我的工作。虽然我理解并尊重他们的意愿，按照他们的意思去做了，但内心还是感到刺痛。

后来，我开创了自己的事业，办了一家职业咨询中心，帮助那些“重返职场”的女性发现自己的志趣，激发她们追求自我的激情。我清晰地记得，当我的第一个客户不付钱就离开时，我是多么的尴尬。当时，索要报酬让我感到自己像犯错误一样，非常不舒服。但是在那之后我强迫自己说出来。

我终于感到高兴和满足了。我一直工作到深夜，下班回家后，我走进门，发现妈妈、爸爸和丈夫静静地坐在客厅里，他们的脸色看上去很阴沉。

“坐下，芭芭拉。”父亲低沉地说。“我们需要谈谈。”

我忐忑地坐了下来。紧张的空气令人无法忍受。当父亲告诉我，我的丈夫提出向他贷款购买一栋我们喜爱的房屋时，我震惊了。父亲知道我继承了一笔丰厚的财产，丈夫的经济问题让父亲产生了怀疑。最后，我的丈夫，一名股票经纪人，不得不承认他在市场上损失巨大，在期权上下了很大的赌注，结果可想而知。

“芭芭拉，你知道你丈夫病了吗？”父亲大声喊道。“你知道他是一个上瘾的赌徒吗？”

面对父亲的熊熊怒火，我极力表现出一副镇定自若的样子。“是的，我知道。”我平静地撒谎。但在内心深处，我感到羞愧、震惊，不好意思承认自己对此一无所知。

父亲说：“如果你不能让你丈夫停止他的赌博行为，我将取消给你设立的信托基金。”父亲大声叫喊着，声音大到我确定他会吵醒孩子们。

“如果我自己管理这个信托基金，你觉得怎么样？”我轻声细语地回答道。

我们看着对方，从对方的眼睛里都看到了难以置信的神情。我们俩都知道这个主意听上去荒诞不经。

父母离开后，我和我丈夫静静地坐了很长一段时间。

“我保证，我再也不会那样做了。”他喃喃地说，话语中透着一种心虚。每一个瘾君子都说过类似的话。

从那天开始，我的父母再也没有提起我丈夫的问题。即使在随后的几年里我多次发现他仍然在赌博（而且是输钱的），我仍然让他管理家里的钱。这让我感到无比的恐惧，感觉自己是如此无能。我的耳边仿佛一直有父亲的声音，他斩钉截铁地告诉我，赚钱和管钱是男人的工作。这种观念是时代的产物。看上去，我已经被性别完完全全奴役。

15年后，我终于申请了分居。不是因为我丈夫还在赌博，而是因为他对我身体上的虐待。我非常想让婚姻长长久久。但丈夫的行为让我无时无刻不生活在胆战心惊之中，我知道单靠我一个人无法维持婚姻。当我的律师把离婚文件递给我，并坚持要我在上面签字时，我在伤心无奈中勉强签下了名字。然而，即使在我们离婚后，我也拒绝处理金钱上的事。“这不是我的事。”我心中认定了这一点。

但是我很快就发现：如果你不处理金钱的问题，金钱就会把你处理掉。果然，我收到了超过一百万美元的税单，因为我的前夫瞒着我偷偷以我们的名义做了非法交易。自然，我没有一百万美元。

这时，我的前夫已经离开了美国，父亲也不肯借钱给我。那时我还有三个女儿（安娜，我的神奇宝贝，就在我们离婚前出生了）。我完全被吓坏了。但我也知道自己别无选择。经济问题已经避无可避。我不打算让我的女儿们在大街上流浪。

新的篇章已打开，但进展可能缓慢

> 我们不应该停止探索，所有探索的尽头都将是我们出发的起点，并且生平首次了解这个起点。
>
> ——托马斯·斯特尔那斯·艾略特（T.S.ELIOT）

对于理财，我毫无头绪，但我把自己全身心地投入，争取让自己在金钱问题上变得聪明起来。我一点也没意识到，我对学习的坚持会最终重塑我的金钱观。当然，根本性的改变是缓慢进行的，积少成多，最终厚积薄发。

我试着阅读金融方面的书籍，去上相关的课程，订阅金融方面的报刊。但是看上去，似乎没有什么变化。我变得茫然无措，好像所学所思都向自己证明我父亲是对的。我陷入深深的绝望、无助和孤独中。我不再和父母说话，我的前夫也完全不知道我的情况。我拼命地向上帝祈祷："请帮我处理好我的财务问题吧。即使不为我，也为了我的女儿们。"然而，上帝没有回应。我觉得我也被他抛弃了。

一天，在杂货店的收银台前，神使鬼差地，我被两个在我身后的人的谈话吸引。他们正在讨论《奇迹课程》（*A Course in Miracles*）这本书。我了解到这是一本适合自学的心灵自助图书，这时我们刚搬到加利福尼亚州蒂布隆市，这本书在离我们几个街区远的一所房子里出版并出售。那天我迫不及待地买了一本，如饥似渴地读着里面的每一个文字，希望能从中找到安慰。这门课有些深奥，我理解起来很吃力。尽管如此，我还是沉浸到书中的文字中，像在无垠的大海中抓住了一只救生艇。然而，它带我去的地方实际上是相当令人不安的（尽管最终解救了我）。

这个课程告诉我："似乎发生在我身上的一切，我要求和接受的一切，都是按照我自己的意愿发生的。"

啊？这听上去非常刺耳。我不可能要求我付不起的税单，或者一个我不信任的丈夫。但课程的内容仍然坚持强调："我不是目之所及的世界的受害者。"或者换一种说法："万事皆由自取。"

我被书中的内容惊呆了。这场金融危机怎么可能是我自己引起的？显然，我前夫在这个问题里是坏人，我是命运多舛的受害者。尽管自己并不完全认同书中的观点，但我还是决心改变。

我预约了一位治疗师。"请帮我控制我的财务状况，"我恳求他，"我真的很想在这方面变得游刃有余。"

治疗师接下来说的话似乎与课程的说法如出一辙，直指我的问题核心。

"不，你不想。"他反驳了我。"其实你不想在金钱的问题上变得聪明。”

我无法争辩。我觉得被人完全看穿，自己好像赤裸裸地站在别人面前，没有任何防御。在那一瞬间，我明白了课程想要告诉我的东西。是的，是我选择了放弃掌握财政大权。也就是说，有一个“我”完全不想去处理金钱问题。那个“我”害怕由此可能犯错误和失去一切（最好让我丈夫去做这些事，好坏与我无关！）。那个“我”会因为家人对自己的改变的反应而紧张。那个“我”坚持认为自己愚蠢至极。但最重要的是，那个“我”害怕，如果在财务问题上变得精明，就没有一个男人会愿意爱我！

“难怪你害怕变聪明，”治疗师说，“**保持愚蠢已经成为一种自我保护的行为**。”一旦明白了这一点，我的逃避行为就可以解释了。

我花了几个月的时间来了解内心的这个自己。在明知道丈夫存在严重的问题的情况下，仍然逃避管理家庭财务问题，甘愿将所有财政大权交给丈夫。现在看来，我确实是在自作自受。

在承认自己对一团糟的过去负有不可推卸的责任后，我开始非常积极地谋划自己的未来。我雇了一位业内顶尖的律师，根据他的专业判断，我在婚姻中是无辜的一方。但我之前的律师写过一份对我极为不利的说明，对税务局的人解释说我父亲是布洛克公司的联合创始人，我非常清楚自己和前夫的财务状况。我被他的背叛所震惊。谢天谢地，在我的新律师运筹帷幄下，我需要补缴的税款大大减少。我可以通过卖掉信托基金中留给我的部分来支付税款，还能留下一些每月收入不菲的房产。如果我能省吃俭用，我的孩子和我都能够很好地生活下去。

现在，我必须弄清楚为什么我会和一个爱说谎的赌徒待在一起15年，把我的家人置于危险之中，因为我害怕会再犯同样的错误。我开始参加家庭互助会计划，这是一个针对上瘾者的12步计划。在那里，我找到了答案，但它并不令人愉快。我意识到自己身上存在“疾病”。我患有深度的共同依赖症，通过让别人需要自己，依赖自己，给予别人并不需要的关怀来确立自己的人生价值，获得心理满足。

我了解到，严重的共同依赖症状是一种非常不健康的状态，在这种状态下，一个人在对情感有害甚至存在虐待的关系中也会完全无视自己的需要。我读到《今日心理学》（*Psychology Today*）的一篇文章解释说，共同依赖是“两个有着不正常人格特征的人在一起而变得更糟”。我不禁笑了起来。是的，那就是我的婚姻的真实写照！

我住进了亚利桑那州的戒疗中心，进行为期一周的共同依赖症治疗。在成功完成这项治疗后，我在接下来的几年时间里非常规律地每周参加几次“共同依赖症匿名会”和“债奴匿名会”，这些都是让我摆脱相关问题的治疗机构。通过这项坚持不懈的工作，我开始治愈心中一直困扰我但我从未理解的羞耻感。

渴望获得更多的见识和得到心灵的疗愈，我报名参加了个人成长研讨会，而且频率越来越高。这些研讨会加上我正在做的个人和精神方面的工作，使我长久以来头脑固有的信念开始动摇，让我从家庭中独立出来，寻找个人价值和真正的真理。

而且，时不时地，我会拿起一本金融书籍或翻阅《金钱》杂志，虽然看上去仍然无济于事。笼罩的浓雾还没有散开。当时我还不知道自己已经深深地沉浸在重新塑造自我的过程中，慢慢地对在我头脑中盘旋40多年的错误信息进行重新“编程”，为即将到来的奇迹做准备。

我的新常态

> 以其终不自为大，故能成其大。
>
> ——老子

离婚五年后，我开始为《旧金山商业时报》写文章。当时一个当地的非营利组织雇佣我做自由职业者，我负责采访那些在金钱上精打细算的女性。也许，老天根本没有抛弃我。

在这些采访中，这些女性与我分享了她们对金钱的见解，这一系列见解竟然令人惊讶地相似，这些观念使她们（也最终使我）在金钱问题上变得精明睿智。这些见解变成了我的第一本书——《白马王子不来了：女人如何在金钱上变得聪明》。花时间和这些精明的女人在一起，并将她们的见解融入我的思想中，这彻底改变了我的生活。但写作是痛苦的。我是一名专职记者和辛迪加专栏作家[①]，

① 辛迪加专栏稿件类似于从通讯社买来的新闻稿，专栏评论家加入辛迪加后，他所写的稿子可以卖给各地的报纸，由那些报纸共同采用。

但我仍然奋斗了七年，才形成自己的想法，能够与出版商沟通出版事宜。后来我才慢慢知道，仅仅了解更多关于金钱的知识或者以不同的方式思考它是不够的。在尝试建立新的思维时，我也不得不有意识地与旧思维对抗，这些旧思维往往有着惊人的力量。

当我在写本书时，笼罩在身上的浓雾似乎在升起，变得稀薄。我不仅对金钱的认识更加通达，而且出乎意料的是，突然间我有了一个崭新的职业——财经专家。我开始环游美国，与各种各样的女性沟通。随着时间的流逝，我原谅了父亲和前夫。实际上，我心底对他们俩非常感激。因为他们，我找到了我的使命。遗憾的是，无论我多么努力，我都赚不到什么钱，或者说赚不到很多钱。

那时，我遇见了一位致力于唤醒人们金融能力的导师凯伦·麦考尔（Karen McCall），他告诉我我是一个没有完全发挥自己挣钱潜力的人。

“我不是！”我抗议道。“我是一名作家。”人人都知道作家不赚钱，我不赚钱也在情理之中。

后来，在寒冷的一月的某一天，跨入新千年后不久，我接到了当时的经纪人坎迪斯·福尔曼（Candice Fuhrman）的电话。她听起来很兴奋。

“我有一个关于另一本书的好主意。”她语速很快。“女性现在的收入比以往任何时候都要多。你为什么不采访那些赚了几十上百万美元财富的女性，看看会发生什么……”

她一直在说，但我却不想听。我想象中的高收入者是那些穿着考究的势利小人，就算不是彻头彻尾的无聊和可怕的生物也是完全令人恐惧的。采访这些人听起来就很可怕。我讨厌这个主意，但是它一下就触动了我。

“等等，芭芭拉。”我对自己说。“如果这是你对成功女性的感受，那么你如何让自己成为其中一个呢？”

在那一瞬间，一个没有吸引力的想法变成了我对自己的挑战。最后，我采访了150多位年薪超过10万美元的女性。其中有几位是作家，这让我的当作家不赚钱的借口灰飞烟灭。我不仅学会了使这些女性在财务上取得成功的策略，而且在我写完《六位数女性的秘密》一书前，我人生中第一次也成了一个“六位数”女性。

到我的下一本书《克服收入不足》出版时，我的收入一直保持在六位数。因此，我为自己设定了一个新的目标——创造百万，帮助百万，给予百万——这将是我第三本书的主题。我开始采访那些赚了几百万的女性。然而三年后，没有书，没有百万美元，我完全筋疲力尽。

当时我的教练说：“芭芭拉，你太投入了，你需要时间来适应。”

我知道她是对的。第二天，我在附近的一家酒店预订房间，进行了为期四天的静修。我躲在舒适的房间里，俯瞰楼下的露天泳池，重新阅读了那些采访的记录，发现了我错过的东西。我被这些女性的非凡成就和我复制它的愿望迷惑了双眼，以至于我没有注意到最关键的部分。这些女性以一种与世界上常见模式截然不同的方式取得了成功。我把这种“另一种”方式称为**神圣的成功——追求你灵魂深处的目标，为自己的幸福和他人的利益服务，同时得到丰厚的回报。**

在写我的下一本书《神圣的成功：金融奇迹课程》时，我做了一件令自己感到震惊的事情。我走出了我的精神牢笼，第一次公开承认《奇迹课程》在我创造财富的过程中发挥了关键作用。我希望读者像我一样明白，**财富的形成不仅是一个物质实践的过程，而且是一种精神实践，一次疗愈之旅，一种女性进入权力中心的仪式。**

在《神圣的成功：金融奇迹课程》出版后，我获得了自己从未想到能实现的财务成就（这通常发生在你做自己害怕的事情时）。老实说，我以为这是我的最后一本书了，因为我已经没有什么新鲜的东西要说了。

神经科学带来的突破

> 一定有更好的方法来看待某个问题。
>
> ——《奇迹课程》

在这之后，我有了一次让我措手不及的经历。突然，莫名其妙地我感觉到有些东西丢失了。我不知道这意味着什么，但这种感觉却在不断加剧。我对我的工作失去了兴趣。我的激情消失了。我完了。每天早上醒来，我都对未来的一天感到恐惧，总是幻想着用一把大锤把自己的事业砸得稀碎。

这真是令人沮丧，真的令人震惊。完全没道理，因为我爱我所做的一切。赋予妇女权力不仅仅是一项工作，这是我的使命。这就是我做所有一切的原因。我不觉得我已经完成工作了，我刚完成了一些事情，但我又不知道它是什么。我仍然对咨询事业充满热爱，尤其是关于投资和财富积累的咨询和指导。那为什么我不再兴奋了呢？我会破坏来之不易的成功吗？

我开始祈祷能够获得指引。几个月来，我一直在“我完了”和“我没事”两个极端状态中摇摆。最终，我让自己“按兵不动”。我没有尝试修复、更改什么，或匆匆忙忙着手解决这个问题，而是按照课程的指引“顺其自然”。我取消了原定的课程，减少了工作量，尽量把自己解放出来，消除了在寻找神秘的丢失的碎片（如果有的话）时让我注意力分散的因素。我耐心地（好吧，只是稍微有那么点耐心）等着看接下来会发生什么。惊喜总是来得那么突然，当你最终决定投降时，柳暗花明又一村。

一天早上，当我漫不经心地检查电子邮件时，收件箱中一篇有关神经科学的文章一下子吸引了我。仅仅看到这个词，我就迫不及待想了解更多。想象一下，你的大脑的某些区域就像中奖的老虎机一样突然发光，接着传出欢快的声音：“恭喜！您刚刚找到了丢失的那一块！”我越读越着迷。

我的创造力火花开始迸发。我的激情又回来了。也许我并没有对自己的工作失去兴趣，也许那只是我的工作方式。也许有更好的方法来帮助女性掌控金钱。我如饥似渴地汲取着书中的知识。

我了解到，男性和女性的大脑在处理财务信息的方式上有所不同。**男性认为在市场上进行投资是一种挑战，而女性则将投资视为一种威胁**。在原始时代，大脑运转的目标都是为了生存，因此只要我们感受到威胁，我们的理性脑就会关闭，让我们进入战斗、逃跑或冻结状态。

因此，妇女往往像我们的祖先逃避长毛猛犸象一样，避开投资市场。我们迷失在自我保护意识中，变得停滞不前，或者过于焦虑，感觉无法领会其中真正的信息，不愿投资，或者我们将决策权推给他人，害怕自己犯错。

这也解释了为什么一旦女性进入投资市场，她们的表现实际上会超过男性。女性的缺乏信心这时反而对我们的投资有利。男人往往过于自信，频繁交易。缺乏自信的女性倾向于长期购买和持有，随着时间的推移，这被证明是一种更好的投资策略。

学习神经科学的知识越多，我的思路就越清晰。将神经科学的原理加入我对女性的研究中，可以减少她们的抵触，从而加快她们的学习曲线。既然她们是因为觉得投资像是一种威胁而极力逃避，那为什么不去让她们学习重塑投资观念，成为自信的投资者？

随着时间的推移，我慢慢将长期从事的心理学（精神研究）、灵性（特别是《奇迹课程》中教授的精神训练）和个人理财（财富积累的基础）的三个组成部分与第四个组成部分——神经科学（大脑研究）融合到一起。

为了将这四部分整合起来，我花了整整一年的时间，开发了一个神经精神病学家称之为“自我导向型神经可塑性”的训练计划。你现在手里拿着的书——《女人财务自由通识课》为你提供了一个简单的改变大脑神经回路的三步公式，使你能够在创造财富和幸福的时候自信满满。

2016年秋天，在芝加哥一个为期四天的静修会上，我第一次向一屋子的女性介绍了“重塑财富”公式。她们的反响非常热烈，这让我渴望更深一步地展开研究，计划与这些女性进行一对一和小组形式的合作，指导她们在更长的时间完成这些步骤。我开始提供“重塑财富导师计划”和VIP会员服务，指导数百名女性完成这一过程，同时我继续完善这一过程。令我感到惊讶的是，这些步骤加快了学习过程的速度，并带来了巨大的变化。正如一位名叫乔伊斯的女士所描述的，她使用“重塑财富”公式后：“我的生活变化如此之快，就像乘坐宇宙飞船一样。”

我将向你们介绍许多女性，比如乔伊斯，她们将分享她们的故事。我也将亲自指导你们完成重塑财富的过程。像我课程的大多数毕业生一样，一旦你懂得如何训练你的思维来重塑大脑的神经回路，你就会发现你拥有巨大的力量，它不仅可以管理你的金钱，而且会极大地改变你的生活。

正如俄勒冈大学的校训（取自维吉尔的《埃涅阿德》）：**思想能移山**。这句话也概括了“重塑财富”思想的内在力量。

千里之行始于足下——打好基础

“怎么样成为蝴蝶？”她沉思地问。“你一定要非常想飞，以至于你愿意放弃做一只毛毛虫。”

——翠娜·鲍路斯（TRINA PAULUS）

在翻页进入第一章之前，我邀请你先做一个练习，为你未来的学习做好准备。在整本书中，我也将为你提供一些练习。我称这些练习为“重塑行动”。它们旨在帮助你吸收正在学习的内容，使你可以在阅读时能再造你的思想和行为。我恳请你不要跳过这些练习。在第一个练习中，我为你提供了一个非常好的机会来反思，使自己进入重塑思维的状态。

重塑行动

我想要的是什么？

我们的意图创造了我们的现实。

——韦恩·代尔（WAYNE DYER）

这个问题——我想要的是什么？——我称之为权力问题。对这个问题要有一个坚定、明确的答案——一个基于你

重塑行动

们最真实意思的答案，而不是回答“应该”要什么，这一个想法经常干扰我们。这个问题意味着你对外宣示自己的权力。然而，实际中许多女性并不会提出这个问题。这也不是一个容易回答的问题。但我想让你试试来回答这个问题。对某个目标产生强烈的、集中的意念会让你的大脑去积极寻找实现它的途径。

在下面的空白处，写下你读本书的意图。

你希望强化哪些新行为？

____

你希望改变哪些无用的习惯或模式？

____

你最渴望的结果是什么？

____

我读本书的目的是：

____

第一部分 ▶▷

觉醒

我们所有人都出生于一个我们盲目接受的现实中，直到某种东西唤醒我们，一个新世界打开了。

——阿什维塔·谢蒂（ASHWEETHA SHETTY）

第一章　踢开旧习惯

> 如果你无法控制自己的想法，那么你将无法控制自己的行为。
>
> ——拿破仑·希尔（NAPOLEON HILL）

我写本书的目的是希望在投资理财上对你有所教益，使你有所改变，学会利用你的思想力量创造梦想的生活，让世界变得不同，成为你本应该成为的有力量的女人。

愚蠢的选择

> 只有当你准备好让自己看起来很愚昧时，你才可能成为一个伟大的人。
>
> ——雪儿（CHER）

几十年来，我一直看着自己一次又一次做出同样愚蠢的财务选择。也许你也做了相同的事情，例如：

逃避金钱问题，因为它是如此令人困惑和恐惧。

让其他看上去显然更聪明的人去做所有的财务决策。

疯狂消费而不是有所储蓄。

剥夺自己应得的东西给予他人。

如果你有上述问题中的任何一个，那么我有两件事要告诉你：

1. 你并不孤单

在制定长期财务决策和让我们的未来有所保障的决策时，许多女性都陷入了能力不足的泥沼。根据富达公司（Fidelity）最近的一项调查，超过80%的女性，无论拥有多少财富或有多聪明，都承认自己并没有在经济上充分保护自己。对于我们大多数人而言，金钱仍然是压力、焦虑和痛苦的根源。

2. 这不是你的错

如果你属于上述的大多数人之一，我要告诉你的是，这不是你的错。

事实是，你对此无能为力。这要归咎于你的大脑构造。神经精神病学家杰弗里·施瓦茨（Jeffrey Schwartz）解释说："如果让你的大脑自动作出决策，大脑往往指导你作出不太理想或不太有利的行为。"对于你的财务决策以及其他所有方面的决策都是如此。在你学会如何有意识地创造新的思考路径，从而指导致富行为之前，你的更好地处理金钱问题的想法，或者让自己学习理财知识的所有努力，都不会带来任何改变。

为什么总是作出愚蠢选择

> 习惯不加以抑制，很快它就会变成你生活上的必需品了。
>
> ——圣·奥古斯丁（ST.AUGUSTINE）

富有的实业家雅各布·阿斯特（Jacob Astor）曾说：“**财富很大程度上是习惯的结果。**”他的话语完美地体现了本书的核心思想：改变习惯，财务状况随之改善。听起来很简单，对吧？

这正是你的大脑发挥作用的地方。这个大约三斤的器官就像一个葡萄柚一样大小，几乎可以控制你所做的一切——吸气，呼气，消费，储蓄，等等。每当你想到一个想法或感觉到一种情感时，你的大脑就会发生电化学反应，将那些想法转移到对应的脑细胞中，这些细胞被称为神经元。这些细胞连接起来，或者形成新的神经回路，或者加深现有的神经回路。

你越是思考一个想法或感受一种情感，比如“我的钱永远不够”，传导这个想法或情感的神经回路就越强大。这被称为赫布定律：一起激发的神经元连在一起。神经元会组成联接，从而形成记忆印痕。当你持续地担心“拥有的不够”时，这种想法会继续深化形成烙印，直到它成为一种根深蒂固的思想。从这一点来说，你会无意识地参与到创造这种“不够”状态的行为中，比如花的比赚的多，实际赚的比能够赚的少，没有为退休留下储蓄。

施瓦茨博士在他的《你不是你的大脑》一书中说：“每当你反复做一些令人愉悦的事情或避免某种明显的痛苦感时，你的大脑就会知道这些行为是当务之急，并会产生对应的思维、冲动和欲望，去确保你一次又一次地继续这样做。它不在乎这些行动最终是否对你有害。”

如果你想知道你的大脑是如何工作的，看看你的生活吧。**生活状态是思想状态的映射**。改变不想要的行为要比简单地做出保证困难和复杂得多。现在，你想要不再为金钱发愁，想采取行动并坚持到底。你的大脑基本上是懒惰和厌恶改变的，它总是走阻力最小的道路。每当你试图反对一种根深蒂固的、自动的反应时，你的大脑就会大叫：“住手！不要这样做！危险！危险！”尽管你尽了最大的努力，但是你仍然会像一粒被强大的吸尘器吸回的灰尘一样，更快地回到原来的固定轨道上。但我有个好消息。还有另一种方法，一种更好的方法，不仅能抵制这些根深蒂固的习惯，还能让你开始形成新的习惯。但是这种方法要求你有意识地、反复地与占主导地位的思维模式做斗争。在任何情况下，你都可以选择去如何应对。比如：

- 重复旧的习惯性行为，伴随的是同样令人沮丧的结果。

或者

- 重塑自我，养成更健康的习惯，获得更好的效果。

《女人财务自由通识课》提出了一个截然不同的且经过验证的三步公式，称为“重塑大脑响应机制”，用于对抗根深蒂固的旧思维，同时构造和加强新的思维，直到让追求财富和幸福成为你新的行动规范。

为什么财富如此重要？

在一个以金钱衡量权力的社会中，如果我们要帮助妇女获得应有的权利，就需要帮助妇女创造财富。

——福布斯（FORBES）

对你们中的一些人来说，只要一提到“富有”这个词，就会像一只恼怒的猫竖立起全身的毛。这意味着，也许你正在《纽约时报》所称的“财富的道德耻辱”中苦苦挣扎，你会自言自语：“世界上有这么多人都很穷，我怎么能富有？”对一些人来说，他们感觉积累财富是错误的、糟糕的，或者纯粹是自私的。但是想想亚伯拉罕·林肯（Abraham Lincoln）所说的话：**“如果你想帮助穷人，就不要成为穷人。”**

《女人财务自由通识课》绝不只是关于金钱的图书。它讲述的是如何成为强大的女性，这样你才能创造、增加和维持你的财富。我可以肯定地说，是这一系列创造财富的过程给了我们力量而不是金钱本身带给我们力量。

我们中有太多人一直浑浑噩噩，不知道我们的真实本性，不知道我们到底有多强大，不知道我们能有多富有。该清醒了。这个疯狂的世界需要觉醒的女人（和开明的男人），这样我们才能走出去帮助唤醒其他人。《女人财务自由通识课》旨在唤醒沉睡中的女性，让她们明白自己是谁，知道自己拥有多么巨大的力量，重要的是让她们产生改变，而不只是帮她们创造财富。

正如牧师迈克尔·贝克威斯（Michael Beckwith）所说的：**“如果你连电费都付不起，怎么成为世界之光？”**我写本书的目标不仅是帮助你付得起账单，而且还使你能够以最大的功率发光，而不用担心资金不足或思维障碍的困扰。

不要再为了取悦别人而使自己黯然失色，也不要为了避免引起波澜，不再敢去荡起手中的船桨。我想让你掀起“滔天巨浪”，越大越好。我希望看到一场由觉醒的女性组成的海啸，震撼世界，点亮她们身上的光，消除这个星球上无处不在的黑暗。我希望你们有足够的资源来做你们要做的事情，在你们感兴趣的领域发挥重要的影响力。

我坚信，当足够多的女性懂得如何重塑她们的思维，创造属于她们的财富，宣示她们的权力时，一场全球性的变革就会发生。我们拥有治愈这个星球所需的价值观、远见、敏锐性和资源。我认为这是我们作为女性的至关重要的遗产、原始的使命，是我们最大的责任。

此外，我相信拥有财富是我们作为女性与生俱来的权利。事实上，英语单词“money”与罗马女神朱诺（Juno）有关。朱诺曾多次预先警告罗马人即将出现的危险，帮助他们渡过难关，因此被尊称为警告者（Moneta）。最早的硬币是在她的神庙里的造币厂铸造的。人们用她的尊号称呼钱币，到英语中就演变为了money。

除此之外，“财富（wealth）”的词根weal代表幸福。许多研究已经证明了金钱和幸福之间的联系，人们发现低收入与慢性病增加和预期寿命缩短存在一定联系。在我看来，获得幸福是创造财富的最终目的。

财富贫乏的根源

> 你必须控制你的钱，否则缺钱的烦恼将永远困扰着你。
>
> ——戴夫·拉姆齐（DAVE RAMSEY）

对于这一点，你可能会想：“变得富有似乎对于现在的我来说还太遥远。”我完全理解你为什么会这样想。根据皮尤研究所（Pew Research Institute）的说法，贫富差距——曾经的美国总统候选人伯尼·桑德斯（Bernie Sanders）称之为“收入和财富不平等的异象”——达到了我们历史上最糟糕的水平。

“有”与“没有”之间的差距已成为一个造成深刻分裂的全球性问题。人们感到愤怒，沮丧，感到被无法控制的力量所压迫，尤其容易受到困难和突发事件的影响。在我撰写本书时，我们正处于由新型冠状病毒引起的特别严重、意料之外的传染疾病全球大流行之中。恐惧和不确定性正在对经济造成破坏。数百万人失业，没有人知道还会持续多久。实际上，每个人都感觉到了压力，只是穷人似乎受到的打击更大。

女性的财务状况肯定会受到特别残酷的冲击，因为贫富差距对她们来说要严重得多。根据2018年摩根大通（JPMorgan Chase）的一项研究，在不考虑具体收入的情况下，女性的薪酬仅仅是相同职位男性的32%。2017年，美银美林的一项研究显示，这可能意味着女性退休时比同职位男性少1055000美元。

尽管人们对贫富差距产生的根源有各种各样的猜测：经济因素，外国的竞争，裁员，社会项目被大幅削减，以及对女性来说，工资上巨大的差距，但没人确切知道为什么贫富差距如此之大。

当然，这些都是有一定影响的因素。但是令我感到沮丧的是，每个人都在指责“外部因素”。仅仅解决这些外部问题不可能消除或显著缩小差距，特别是对于个人而言。以2008年的经济大衰退为例：每个人，无论是富人还是穷人都损失惨重。但是随着经济的缓慢复苏，一些奇怪的事情发生了。不管世界在怎样发展，穷人越来越穷，富人却越来越富。当我们从新冠肺炎疫情带来的衰退中恢复时，这种情况会再次发生吗？谁知道。

但是从历史上看，每一次经济低迷之后，都会有基业长青的富人产生，他们会在很长一段时间内不断增加自己的财富。那么问题来了：是什么使他们与众不同？这是一个重要的问题。我相信，如果我们继续将自身的困难归咎于外部因素，我们将仍然是那个不幸的受害者。我倾向于相信托马斯·斯坦利（Thomas Stanley）在他的畅销书《邻家的百万富翁》中写道的：“在成为百万富翁之前，你必须学会像一个百万富翁一样思考。”

而且，缩小女性在工资上与男性的差距永远无法从根本上解决性别上存在的财富差距。因为人们赚了很多钱并不意味着他们能够存下这些钱。这是我的经验之谈。我会告诉你原因：财富不是来自你的收入（比如结婚或继承得到的财产），财富的根源在于你利用所拥有的资源去创造更多。衡量财富的真正标准不是从外界你得到了多少，而是最终你能够剩下多少。换句话说，你的净资产是你所拥有资产的总和减去所欠债务的总和后的净值。

让钱花不完的好消息

富人先投资，然后花剩下的钱，而破产的人先花钱，然后剩下的钱才投资。

——无名氏

我想让你知道的是，你不需要用巨额薪水或抠搜的生活方式才积累起可观的净资产。货币是有时间价值的——根据复利原理，在较长的时间内持续投资，你的利息和本金都会产生利息，形成利滚利的循环——持续储蓄、进行明智的投资，你只需要少量钱就可以获得丰厚的回报。

我记得读过一篇关于一名图书管理员的文章，她一年挣8500美元，却留下了220万美元的遗产。还有一篇关于一位94岁的簿记员的文章，她的收入更低，去世时身价超过800万美元。根据文章介绍，这两位女性如此巨额的财富来源于对收入进行谨慎的投资。

将钱放在回报率比通货膨胀率高的资产（如股票、债券和房地产）中可以创造财富，当然，这些资产也会带来风险。

不幸的是，太多的女性缺乏投资的信心。2015年，富达投资关于女性的调查显示，大多数妇女（71%）将所有财富都换成了现金，这似乎很安全，但是随着时间的流逝，我们的购买力将像羊毛毛衣一样在热风干燥机中缩水了。毕竟，规避风险（这正是我们的祖先在危险环境中生存的方式）给人一种幻觉，即我们可以免受巨额损失的伤害。这里我们要注意一个关键词——“幻觉”。

事实是，作为女性，你我承担的最大财务风险不是市场会下跌，因为市场肯定有下跌。当然，它还会上升。毋庸置疑，市场就是这样，上下波动。但是从时间线来看，市场运行的轨迹总是向上的。毫无疑问，你最大的风险就是，无论你赚了多少钱，继承了多少或因结婚获得多少钱，钱都可能用光。

举一个例子。我曾经采访过一位五十多岁的高管，她的年薪接近70万美元。

她对我说：“我觉得自己成为大街上睡纸箱的流浪者只有一步之遥。”

“那怎么可能？”我无法想象。

“我最大的投资就是买内曼·马库斯（美国一家高端百货商店）的鞋。”她重重叹了口气。

可悲的是，她这样的情况并不是个例。实际上，可观的收入与巨额的净资产之间几乎没有关联。

这个现象让人费解。富达的调查显示，尽管有90%的女性表示想真正学习投资知识，但是只有28%的女性认为自己具备一定的投资知识。现在我们能够找到大量金融方面的书籍和其他有益的资源，例如杂志、研讨会、网站和播客，这些都能帮我们获得金融知识，调查的结果却让我觉得很奇怪：为什么这么多人没学到投资知识呢？我认为，问题根源在于传统的金融教育。

常规方法不起作用

> 未来已来，只是分布得还不均匀。
>
> ——威廉·吉布森（WILLIAM GIBSON）

对于许多女性而言，投资绝不仅仅是学习一些货币理论或多元化的投资组合。它与我们应该成为怎样的人有关，我们想方设法克服自身和文化的局限，重塑思维方式，去最终掌控财富，这也是投资。

投资可能是一种非常感性的经历。但是，在这个由男性主导的行业中，大多数金融教育工作者采取严格理性的方法来传递投资知识，故意避开或几乎忽略投资的“柔性”的一面，他们嘲笑这种投资理念是“跟着感觉走”的投资思维。但是恰恰是这些内容，女性能够很好地接受和吸收，能够从精神上受到激励。新兴的神经金融学（它结合了传统的金融与神经科学）已经证明，对于大多数投资者来说，不论性别，在进行财务决策时往往更偏向感性而不是理性的思考。

但是，当我们翻看任何一本关于理财的图书时，很可能它只专注于用事实填充我们的头脑，而不是培养我们改变的勇气或增强我们采取行动的信心。你会因为头脑中错误或局限性观点而形成思维上的束缚，上一次你读到有关克服这种内部束缚的金融文章是什么时候？（有可能你根本没读到过这类文章，它们实在太少了。）

重建财富大厦的三个步骤和三个工具

> 我们社会真正的根本性改变不是因为政府的干预和战争的结果，而是由许多人思想的改变而引起的。
>
> ——威利斯·哈蒙（WILLIS HARMON）

我曾经读过一句名言：“**我们淹没在信息中，但却渴望智慧。**”对我来说，它准确地描述了当今传统金融教育的问题。

我想在《女人财务自由通识课》中与你分享我作为作家、金融咨询师和财富教练在专业领域积累的来之不易的智慧，这些智慧来自我对妇女和金钱所做的广泛研究，以及我30多年积极投资的经验。尽管经历了至少九次崩盘，不仅仅是回调（市场下跌10%），而是全面崩盘（市场暴跌20%或更多），但是我可以很自豪地说：我做得很好。

我的成功与我积累的知识无关，而与我如何改变我的思维有关。在富裕的环境中长大，我确信“持久富裕”的人的想法与众不同。结果就是，他们往往做出不同的选择。我现在明白了，我们的选择是由我们的大脑回路决定的。所以，如果你希望自己能够做出不同常人的选择，你必须重新改造你的大脑回路。根据现在的情况，懂得重塑思维从未像现在这样重要。

值得高兴的是，重塑财富思维无须花费很长时间。正如神经科学研究的先驱诺曼·道伊奇（Norman Doidge）在他的《重塑大脑 重塑人生》一书中所言：“大规模的可塑性重组会以意想不到的速度发生。”

心理治疗师理查德·奥康纳（Richard O’Connor）表示同意。他在《重新连线：改变大脑，打破不良习惯，克服成瘾，征服自我毁灭性行为》一书中写道：“练习一开始，大脑几乎马上就随之发生变化。”

对此，《你的大脑如何改变：一位领先的神经科学家的突破性发现》一书的作者安德鲁·纽伯格（Andrew Newberg）博士解释说：“大脑神经元的改变也就是几个小时的事。”

但是，成功的速度完全取决于你想要改变的动机的强弱，以及你执行对你的认知网络进行改造的实践的力度。开始的时候，你需要付出很大的努力，去反复关注那些与在你头脑中扎根已久的陈旧观念相矛盾的思想。你的大脑会顽强地捍卫那些根深蒂固的观念，而对任何与之相反的事物视而不见。

乔·迪斯派尼兹（Joe Dispenza）博士在《你自己就是安慰剂：使你的思想变得重要》一书中警告说："你只有在一段时间内不断加强新的东西，否则，用不了三周你就会忘了它。"我不希望这种情况发生在你身上。

本书分为三个部分。在第一部分"觉醒"中，你将对本书的四个重要元素有更深入的了解：

1. **神经科学**——对大脑进行研究；

2. **心理学**——对思维进行研究；

3. **灵性**——《奇迹课程》中讲授的思想训练方法；

4. **个人理财**——财富积累的基础。

在第二部分"重塑"中，你将学习到一个简单的三步方法，可以有意识地用之重塑自己的头脑。我将这三个步骤称为"重塑大脑响应机制（3R）"，它们是：

1. **识别（Recognize）**——从对你的思想的观察开始；

2. **重构思维方式（Reframe）**——寻找一种新的方式来看待问题；

3. **采取不同的应对方式（Respond differently）**——有意识

地作出应对，而非采取习惯性的应对方式，这种方式可能感觉不那么舒服。

通过反复练习这三个步骤，旧的思维将随着新思维的巩固而变得越来越弱。但是开始的时候，旧的思维可以（并且一定会）“死灰复燃”。

在最后一部分“硬核工具”中，你将获得三个强大的工具来强化和保护还很脆弱的新思维。这三个硬核工具是：

1. **思维阻力分析**——让你通过阻力最大的路；

2. **抚愈“内在小孩”**——安抚正在影响你行为的“内在小孩”；

3. **重复**——不断重复新行为，直到养成习惯。

在本书中，我将为你埋下重塑思维行为的种子。觉得对的观点，你可以留下；觉得不对的，就把它抛到一边。我希望你能认真做好笔记。在笔记本或本书的空白处写下任何你觉得重要的内容。做笔记有助于加速新的思维的形成。但最重要的是，周围的世界会教给你你是谁、你有能力完成哪些事情，而你要愿意接受这些认知都是错误的，或者至少不够全面、深刻的。

第二章　身体、思维和精神大揭秘

成为自己想成为的人，永远不会太迟。

——乔治·艾略特（GEORGE ELIOT）

思维与大脑

我只受自己思维的影响。

——《奇迹课程》

年轻时，随着你不断学习，你的大脑会不断地更新。过去，科学界认为到30岁时大脑会永久固化。现在，神经科学家发现，大脑可塑性机制，即大脑自我重组的能力，贯穿人的一生。

然而，如果让这些神经科学家来定义思维和大脑之间的区别，你会听到很多不同意见。

有些人会告诉你，思维和大脑是一体的，是同一个东西。另一些人则认为无形的思维存在于那个叫大脑的身体器官中。还有一些人认为，无法测量或客观研究的思维根本就不存在。

我发现，最有说服力的观点是，大脑是你身体的一个有形器官，思维是思想和感觉的非物质的来源，两者是独立存在物，但是却会同时运作。

最早向我介绍了这一观点的人是加州大学洛杉矶分校医学院的神经精神病学家杰弗里·施瓦茨博士。施瓦茨博士以其具有里程碑意义的研究而闻名，他在不使用药物的情况下成功治疗了强迫症（OCD）患者。

在他的开创性著作《思维与大脑》中，他解释了“定向思维力量”（他后来称之为“自我导向型神经可塑性”）如何“清晰而系统地”改变患有强迫症的人的大脑的化学反应。

施瓦茨博士在他的书中解释说：“强迫症是一种神经精神障碍，其特征是产生令人痛苦的具有侵入性、不需要的想法，引发强烈的执行某一行为的冲动（强迫性部分）。”

经过25年的研究和临床实践，他确信“我们称之为思维的非物质实体具有改变大脑的能力”。

当我读到这里时，我大脑中闪过一道闪电。如果强迫症患者都能够学会通过改变思维方式和用新的有益行为代替强迫性行为来抵制强烈的冲动，请想象一下那些没有强迫症的人又能取得怎样的成就。

最初，施瓦茨不被他的同行们所理解。但是，现在越来越多的专家开始接受他的观点，即“思维是激活大脑硬件的软件”。或如其他人所言：**“思维是主人，大脑是仆人。”**

其中的专家之一，神经心理学家约翰·阿登（John Arden）在他的书《重塑你的大脑：思考通往更美好生活的道路》中写道："如果不改变大脑的运行机制，就无法改变你的思考方式和感受。"

另一位是心理学家瑞克·汉森（Rick Hanson），他是泉源神经科学与观慧学院的创始人，他在其著作《佛陀的大脑：幸福、爱与智慧的实用神经科学》中更简洁地阐述了这一观点："经过思维后的事物造就了大脑。"

我立刻产生了共鸣。这说明了为什么我，一个叛逆的少女和一个有抱负的成年人，为什么如此轻易地屈服于我父母的告诫，如此轻易地对金钱视而不见，为什么从未对任何人说过任何关于我的丈夫挥霍我的财富的话。我从很小的时候就被教育成了这种人。

心理导向是如何形成的

> 我们痛苦的最大来源是我们对自己说的谎话。
>
> ——埃尔文·塞姆拉德（ELVIN SEMRAD）

我回想起我最初对于金钱的记忆。个体心理学创始人、尊敬的心理学家阿尔弗雷德·阿德勒（Alfred Adler）表示："我们最早的回忆会促成我们的心理导向。"过去发生在我身上的所有无法理解的事件中，我生动地记得一个特定的情节，它解释了为什么逃避金钱问题成为我的“心理导向”，成为我曾经人生的指南针。

那时，我大约四岁，站在水槽前的阶梯凳上刷牙，母亲在我身旁。我把牙刷放在一边，转向母亲，问了一个随机冒出的问题，就像幼儿经常做的那样：“妈妈，你有多少钱？”

母亲一言不发，投射过来的目光充满了不赞成。她的眼睛眯着，嘴唇紧闭，没有说出口的信息是那么显而易见：“永远不要谈论金钱！这很糟糕，如果这样做的话，你也会变得不好。”

正如“儿童依恋理论之父”、心理学家约翰·鲍比（John Bowlby）解释说：“我们通过所爱之人的眼光来确定自己是谁。”在那一刻，感受到一触即发的危险（妈妈的愤怒），我肯定地确定一件事：谈论金钱是不安全的。如果我这样做了，我就是个坏女孩。

这个认知使我的大脑处于高度戒备状态，释放出一连串的化学物质和电流信号，将这个思想转移到脑细胞（神经元），它们相互连接形成一个新的神经回路。

从那一刻起，每当我想到那个想法（甚至不自觉地）——谈论金钱不安全——并本能地采取行动时，我就在不断挖掘一个不断加深的“认知沟”，直到对金钱的无知和惰性变成我的自动反应。

科学作家莎伦·贝格利（Sharon Begley）在她的《训练你的思想，改变大脑》一书中，将这种神经塑性过程比作“在一条土路上反复行驶，留下深深的车辙，从而使以后的旅程更容易沿着车辙行进”。

的确，逃避财务问题成为我的默认模式，也成了我习惯的舒适区。我会自动重复同样的错误选择，因为相信这些选择可以确保我的安全。

不幸的是，孩童时代让我们感觉安全的东西，在我们成年后恰恰成为让我们窒息的因素。实际上，我对金钱问题的保密和沉默是一种自我否定的行为，产生了严重后果。但是，深入思考的话，难道所有的自我否定行为不都只是自我保护行为的错误尝试吗？

重塑行动

关于金钱的最早记忆

闭上你的眼睛，深吸一口气，问问自己：“我关于金钱的最早的记忆是什么？”如果愿意，可以尝试回忆更多其他方面的记忆。看看这些记忆让你的思维产生了怎样的变化，让你在那一刻做出某种决定，这种决定又最终发展成为你的心理导向。这些记忆都是什么？它如何影响你一生的选择？

____

____

____

大脑的进化

> 如果生活是一场斗争，只要没有入不敷出、上顿不接下顿，那么你的“爬行动物脑”[①]就掌控着“方向盘”。
>
> ——戴维·珀尔马特（DAVID PERLMUTTER）

回想学习的神经科学知识时，我在财务问题上如此被动是完全可以预见的。毕竟，人类大脑的一个根本目标就是自我保护。

对于我们的史前祖先来说，生存意味着要躲避所有可能潜伏在灌木丛后面的致命危险。对于一个4岁的孩子来说，生存意味着避免任何可能引起父母不满的事情。加入一个部落对于我们祖先的安全至关重要，对还是一个小女孩的我来说，融入父母这个“部落”同样重要。

人类大脑经过数百万年的进化，基本上分为三个层次。

1.“爬行动物脑”位于脑干中，是最古老的部分，完全依靠本能工作。它控制我们的基本功能，如呼吸、进食、心跳，如果觉得不安全，它就会出现三种反应：战斗、逃跑或僵化。

---

① “三位一体的大脑”（triune brain）假说是保罗·麦克里恩（Paul MacLean）于20世纪60年代提出的理论。此理论根据在进化史上出现的先后顺序，将人类大脑分成“爬行动物脑”（Reptilian brain）、“古哺乳动物脑”（paleomammalian brain）和“新哺乳动物脑”（neomammalian brain）三大部分。

2. 在“爬行动物脑”的正上方是“古哺乳动物脑”，又称边缘系统，它的进化稍晚，参与调解本能和情感行为，其主要的作用是维持自身生存和物种延续。这个系统将所有刺激解释为好的或坏的，可怕的或安全的。

3. 大脑的第三部分是大脑皮层，是最大的也是最新发育的部分，是你在关于大脑的图片中看到的褶皱表面。大脑皮层控制着所谓的“执行功能”或理性思维，允许我们通过选择和使用语言来表达情感，而不是冲动行事。

所有的刺激都会立即进入边缘系统，最终到达大脑皮层，使我们能够以闪电般的速度对威胁做出反应，并在稍后进行理性判断。

令人棘手的是，我们的边缘系统无法区分过去和未来，真实和想象。每当出现与过去带给我们压力或让我们恐怖的事件相似的情况，我们会进入逃跑、战斗或僵化状态，理性大脑则因大量的应激激素产生而丧失功能。

试图与我的丈夫解决财务问题，让我觉得就像远古先辈面对饥饿的狮子一样，我要么逃离房间，要么因恐惧而一动不能动。

为什么蛮力对思维不起作用

> 你不能单凭意志力使自己的想法或冲动消失。如果尝试，你会失望的。
>
> ——杰弗里·施瓦茨（Jeffrey Schwartz）

回想我与前任丈夫沟通财务问题的情景，我记得我是多么努力地克服我的逃避。“这不是什么艰难的事，”我会责骂自己，“看在老天的份上，大声和他说吧！”

但是每次我接近丈夫时，我都会失去勇气。我不敢和父母讨论我的处境。我羞于把丈夫的事告诉我每周要见两次的心理咨询师，更不用说告诉当时管理我的信托基金的银行家了。

然而，有一次，在听了一位金融心理学家的演讲后，我鼓起勇气去拜访她。我有一种强烈的感觉，她可以帮助我。事实上，她非常温柔、体贴和令人安心。我离开她的办公室时，第一次对自己的财务状况感到充满希望，甚至兴奋。但当我碰到车门把手时，我就感觉到好像一记耳光打在脸上，脑海中有一个声音严厉地警告我：坏女孩，不要再去找她。从那以后，我再也没见过她。

我想成为一个财务知识渊博的人，并与我的丈夫对抗的愿望稍纵即逝，这种微弱的愿望根本无法抵抗根深蒂固的强大的精神“顽疾”。与头脑中已经建立的牢固观念做斗争是一件漫长而艰难的事。面对旧思想在大脑中释放的化学物质（神经递质），你有时显得那么“势单力薄”。尽管你尽了最大的努力去让自己在思考和行动上变得不一样，但是在压力、疲劳或威胁下，你会本能地回到阻力最小的方式，无奈地又一次重复你试图改变的存在功能障碍的行为，一切都是徒然了。

南威尔士大学的一项引人深思的研究解释了为什么单凭意志力是无法改变你的行为的。研究者向学生展示了一张照片，例如一个苹果或一朵白云，并告诉他们不要去想红彤彤的苹果或纯净的白云。

如你所料，大多数人无法从脑海中剔除那张照片，这是很正常的。但是，还有一小部分人信誓旦旦说他们成功抹去了脑海中的那张照片，这又怎么解释呢？

根据脑部扫描，“即使是那些善于抑制某些思想的人，在其大脑皮层中仍然保留着这些思想的痕迹。”南威尔士大学的乔尔·皮尔森（Joel Pearson）教授指出。

事实上，任何植入头脑的思想（无论是苹果的图片还是警告语，例如“不要谈论金钱”或“生活是一场斗争”），不管你如何努力抵抗，它们都比你想象的在头脑中持续的时间更长。

这项研究总结道：“使用蛮力不去想某件事根本是行不通的，因为实际上它已经存在于我们的大脑中。”当然，思考的东西越中立，在你头脑中消退的速度就越快。

显然，改变很多事单凭意志力是行不通的。但是思维训练会帮助你实现你的目标。要了解如何训练你的思维，我们可以用灵性理论，特别是《奇迹课程》的训练方法。

做思想的主人

> 思想创造了世界，然后说：“我没有做。”
>
> ——大卫·博姆（DAVID BOHM）

《奇迹课程》称自己的方法为“思维训练课程”，并宣称其唯一目的是“恢复对思维力量的认识”。

我研究该课程已有30多年的时间，杰弗里·施瓦茨博士的观点令我着迷，在他的《思维与大脑》一书中解释了他如何“通过利用思维的转化能力重塑大脑来成功地治疗强迫症”。

正如课程所断言，施瓦茨博士也赞同：“**未经训练的大脑一事无成。**”

思维训练的第一步始于理解本课程所称的“宇宙中存在的最重要的概念”：因果定律。该课程（以及神经科学、量子物理学和许多宗派如佛教）对这一定律的解释与世界上被普遍接受的科学性解释有很大不同。

对世界而言，原因是产生内部影响的外部事件。有人这样做（原因），而你感到那样（效果）。但是这种观点非常令人失望。如果你按照这个观点行事，指责“使”你不快乐的某人或某事不仅于事无补，反而会使你深受其害。

根据课程的观点，“外面的事”与你的高兴或沮丧没有任何关系。你的思想永远是根本原因。如果你想改变结果（你经历的东西）——更多的钱，更大的幸福，更大的成功，更好的关系，你必须首先改变原因（你的想法）。**你是谁，你做什么，你的生活怎样，都取决于你的思维。**

就算是爱因斯坦也会同意：“**我们创造的世界是我们思维方式的产物。**”我怀疑你们中的某些人可能会翻白眼，以为这太胡扯了。我理解你们。但是，在你放弃这一观点之前，让我向你展示一下它是如何产生作用的。在写本书的过程中，我有机会运用这一定律，它极大地改变了整个经历，不仅是我的经历，也是我丈夫的经历。（这里我想让你们知道，2012年我嫁给了一个非常棒的男人，名叫李。）

一天晚上，我告诉李那天早些时候发生了一件重要的事情。李专心地听着，直到他的手机发出嘟嘟声，提示有一条短信。他抓起电话，读了短信，写了回复，转过身来，没等我开口继续讲下去就立刻换了话题。

我感到心烦意乱、受伤和愤怒。当我是什么？无关紧要的人吗？就在我正要对李大发雷霆时，我听到这门课提醒我因果定律：“你所看到的世界只代表你的思想。当你选择改变你的想法时，它将完全改变。”

当李继续滔滔不绝时，我问自己：“我是想让他成为坏人，还是想冷静下来，弄清楚我的情绪到底是怎么回事？”试图控制或改变李是没有用的。因为，事实上，他不是引起我的反应的原因。真正的原因要回到我的幼年，要回到另一个记忆中，那是我能记得的最早的记忆。那时我3岁，站在屋外，看着父母卧室的窗户，痛苦万分。他们刚把我刚出生的妹妹从医院带回家。当我独自站在那里时，我知道了一个“事实”——我并不重要。那个武断的决定变成了一种坚定的信念，这个信念一直困扰着我。

我意识到李的行为激发了我内心深处久远的记忆。我知道，在那一刻，我面临一个选择：我是背着装满谎言的记忆继续走一直以来的老路？还是改变我的思维来创造一个“新故事”？我选择了后者。

如果我以不同的方式解读李转变话题的行为，结果会如何呢？如果他并没有暗示我“我不重要”呢？如果他只是认为他朋友的短信比我的故事有趣呢？在那一刻，我使用了你将在第二部分学到的重塑公式。我把与李之间可能发生的“大爆炸”变成了一次充满爱的亲密交谈。

思维训练的奇迹

> 人类可以通过改变自己的心态来改变自己的生活。
>
> ——威廉·詹姆斯（WILLIAM JAMES）

如你所见，思维训练远不止是积极思考。它要求你，将让你产生某种感受、给你带来某种的经历的原因从“外面的世界”拿走，将其放回属于它自己的位置——你的头脑中。或者正如课程中所说：**“不要寻求改变世界，而是改变你对世界的看法。”**

当你了解因果定律时，你就知道你拥有多么巨大的力量来创造你想要的生活。当你明白你痛苦或悲惨的原因是你自己的想法时，你就能给自己改变这些想法的力量，从而改变结果。

事实是，因果定律，就像地心引力一样，无论你意识到与否，它都一直在起作用。它告诉你，迄今为止，你如何创造了生活中的一切，无论是好是坏。

重塑行动

剖析挑战

挑战

首先，列出给你造成一定程度困扰的所有挑战或问题。

____

____

最大的挑战

选择一个让你陷入困境的最大挑战或问题：

____

____

反躬自省：我的哪些思想给我带来这些挑战？

____

____

你是否发现可以改变哪些思想以消除或解决挑战？

____

____

一个脑袋里的两个声音

> 你有能力控制自己的思想，而不是外部因素。意识到这一点，你就会找到力量。
>
> ——马可·奥勒留（MARCUS AURELIUS）

正如科学解释的那样，我们的大脑演化成三个部分（爬行动物脑、边缘系统和大脑皮层），《奇迹课程》揭示了我们的大脑具有两个“思维系统”，或者说两个截然不同的“声音”——一个是恐惧之声，发自“自我[①]”，一个是爱之声，发自灵魂。这两种声音常常提出相互矛盾的建议。

你的“自我”之声是原始大脑的“代言人”。它唯一的工作就是通过灌输恐惧来保护你的安全——这项工作从你出生的那一天起就一直在做，那时你的生存依赖于获得爱、认可和关注。

你的灵魂之声让你冥冥中知道你是安全的，给你发出前进的命令。它的唯一目的是确保你不断提升，它会不断地推动你去做应该做的事情，即使要做的事情很可怕。

“自我”之声促使你隐藏自己，渴望熟悉的人的安慰。

灵魂之声推动你发光，偏爱未知的不确定性，而所有的成功都

① 弗洛伊德认为，人格由本我、自我、超我组成。“自我”来自人的本能，在社会生活中表现出追求各种个人欲望的满足和追求个人利益实现的特征。

来自这些不确定性。

“自我”之声让你找各种借口。

灵魂之声让你采取行动。

“自我”之声专注于你的缺点，不断地把自己和别人进行比较，坚持认为你要么比别人好，要么比别人差。

灵魂之声充满了对自己和他人的同情，提醒你有与众不同的天赋。

你需要牢牢记住的是：“自我”之声总是首先说话，而且声音最大。就像我和李的那次谈话一样：当我是什么？无关紧要的人吗？灵魂之声要平静得多，需要安静才能被听到。在那次讨论中，我的灵魂温柔地提醒我，我感到受伤和愤怒，不是因为李的话，而是因为我对这些话的误解。

“你不能跟随两位‘主人’，”课程警告道，“两者之间没有妥协。”

你反复听到的声音将决定你的大脑是如何运作的。重塑更健康的习惯就是要将你从“自我”中拔出，重归入灵魂的轨道。

重塑行动

你听到哪个声音？

在前言的最后，你写下了阅读本书的意图。让我们回过头再次审视你写下的内容，把它们写在下面。

____

____

重塑行动

现在，闭上你的眼睛，问问你的“自我”之声，它对你的意图有什么看法。写下你的“自我”说的话：

____

____

闭上眼睛，深吸一口气，然后放松一下，因为你的灵魂微妙而坚韧，需要你平静下来，聆听它轻声的低语，大音希声的智慧和充满爱的指引。

现在，告诉我，关于你读本书的意图，你的灵魂之声说了什么：

____

____

你从这项练习中发现了什么？

____

____

耻辱，痛苦，创伤

唯一与金钱没有愚蠢关系的人是那些愿意研究与金钱的愚蠢关系的人。

——杰宁·罗斯（GENEEN ROTH）

谈到女人和金钱，我们不能不提到羞耻。羞耻感是一种剧毒的、极度痛苦的信念，认为你是如此可怕、如此有缺陷、如此一文不值，以至于你完全不讨人喜欢。羞耻感通常与某种形式的创伤联系在一起，这种创伤源于身体上的殴打等暴力行为，或者像我抬头透过父母卧室的窗户看到他们围着妹妹团团转时一样看似无害的经历。当一件令人深感不安或有压力的事件超出了我们调整情绪影响的能力时，就会产生创伤。创伤确实改变了我们的大脑。

“创伤经历确实会留下痕迹，”世界知名心理创伤治疗大师巴塞尔·范德考克（Bessel van der Kolk）博士在他的绝妙著作《身体从未忘记：心理创伤疗愈中的大脑、心智和身体》中写道，“这有助于我们解释为什么受创伤的人变得对威胁高度敏感，以及为什么受创伤的人经常重复同样的问题，并且很难从这些经历中汲取教训。”

我确信，未治愈的创伤和压抑的疼痛是让聪明能干的女性在经济上苦苦挣扎的主要原因。

当羞耻感被触发时，我们的“自我”，就像一只吠叫的警犬，警告即将到来的危险，让我们原始的大脑产生充满恐惧的反应。“这就像我们的智商下降了30分，”羞耻感康复中心的创始人布雷特·里昂（Bret Lyon）在我参加的一个研讨会上解释道，“我们不能思考。我们僵住了。我们觉得自己很愚蠢。我们不知所措。”当然，我们的本能反应是用一大堆能让我们分心的东西来掩盖这些感觉。这种情况屡见不鲜。很多聪明能干、收入丰厚的专业人士，他们的银行账户里却几乎没有一毛钱。他们通过花钱来掩盖自己的羞耻感。问题不在于钱多钱少，这只是一种表现症状。

真正的问题出在我们花了一辈子来避免的所有压抑的情绪。忘记付各种账单、买各种礼物挥霍、刷爆信用卡等让我们在不知不觉中陷入经济上的混乱的行为，或者任何能让我们从难以忍受的根深蒂固的羞耻感中解脱出来的行为，都是为了掩盖痛苦的感觉。这些行为类似于其他人用不断地工作、暴饮暴食或其他上瘾的行为而使自己麻木。不幸的是，研究已经证明，掩盖情绪实际上会加剧焦虑。宾夕法尼亚州立大学传播艺术与科学专业特聘教授詹姆斯·迪拉德（James Dillard）解释说："压抑不仅在处理恐惧方面无效，而且会适得其反。它创造了一个对恐惧的循环，这是一个恶性循环。"

或者正如西格蒙德·弗洛伊德（Sigmund Freud）形象地描述一样："未表达的情绪永远不会消失。它们被'活埋'，并以更丑陋的方式出现。"被掩埋的情绪将我们锁定在习惯模式里。

几年前，我有一个客户，她的一生都在漫长的债务危机中苦苦挣扎。在她完全还清贷款的那天，突然被早年痛苦的场景淹没了。财务危机带来的紧迫感已经掩盖了那些可怕的回忆。我向她保证，这些记忆即将得到治愈，而且她不会再像大多数人那样陷入债务危机。我敦促她立即找一位创伤治疗专家咨询，她马上照做。

正如她后来告诉我的那样："直面痛苦确实让我在经济问题上有所受益。"

而我是在数十年与数千名妇女合作之后，才明白这个道理。不论个人的经济状况如何，对于金钱的耻辱感无处不在。多年前，在与朋友的交谈中，我对此有了初步的观念。我们开始分享，在成长的过程中我们俩是如何为家庭的财务状况感到羞耻的。

我在富裕的环境中长大，讨厌感觉自己和朋友不一样，不知道他们是喜欢我还是喜欢我富有的父母。她在贫困中长大，厌恶感觉自己比同学低人一等，总是怀疑同学们同情或看不起她。

从本质上讲，有钱（或缺乏金钱）从来不是我们羞耻的真正原因。金钱只是一个放大镜，放大了我们身上已经存在的羞耻感，放大了我们心灵中不可磨灭的创伤记忆。

对许多人来说，经济安全感的秘诀在于将“有毒”的羞耻感（自我厌恶）转化为健康的羞耻感（自我认同），羞耻感康复中心的里昂博士描述为：“是的，我和其他人一样，是一个有缺陷的人，但我也有自己的长处。”

当我看到一位真心希望改变的客户，在不断重复自毁行为时，我会经常敦促她寻求治疗。按照我个人的经验，“刻印”着痛苦记忆的神经回路往往坚硬如铁，自身很难打破。

越来越多的心理学家和精神病学家认为，谈话疗法并不总是治疗创伤最有效的方法。正如创伤治疗专家巴塞尔·范德考克博士所指出的：“大脑的理性基本上对将情绪从自身的现实中解放出来无能为力。”

我有时会把那些因早期创伤而意志消沉的客户送到眼动疗法（EMDR）心理咨询师那里接受治疗。EMDR的意思是眼动脱敏与再加工治疗，是一种专门为创伤患者开发的治疗方法。

我第一次体验EMDR是在2003年，当时我正拼命地试图挽救我不幸的第二次婚姻。在仅仅几次治疗之后，我意识到这段婚姻不值得挽救。

我最近再次研究EMDR，是为本书的写作提供可资借鉴的素材。写作一直是一种痛苦的经历。我内心的“自我”之声在拼命尖叫：“你是一个可怕的作家。没有人会读这篇文章。你不知道你在说什么。”强迫自己坚持下去变成了一场痛苦的战斗，出于某种疯狂的原因，我不得不这样做。当我的内心的“自我”之声因为我的第八本书——本书再次“翻江倒海”时，我向EMDR治疗师劳拉·罗斯（Laura Rose）寻求帮助，她就是我向客户推荐的那个咨询师。

她让我回忆起过去的记忆，这些记忆激起了类似自我怀疑的感觉。

在第三节课上，我看到年轻的自己抬头看着父母的窗户，确信她不再重要了。劳拉让我仔细体会“那个孩子”当时到底是怎样的感受。一开始，我非常同情那个小女孩。但转眼间，一个想法突然闯进我的大脑：她错了！事实不是那样的！我把一切都看得很清楚。毫无疑问，我理性的大脑知道，我的父母真的爱我，我过去对他们很重要，将来也会如此。我终于意识到我一生都生活在自己编织的撒谎中，这种认知让我感到一阵庆幸。

在那次治疗之后，我的“自我”之声明显平静下来，不再让我陷入恐慌。第一次，我彻彻底底地喜欢上写作。我正在慢慢地发现我现在是谁，而不是被我三岁时来到父母的窗口形成的错误的信念所定义的那个我。

当然，不是每个人都有时间、金钱或兴趣去看专业治疗师。治疗创伤和羞耻感还有很多其他方法，比如正念训练、神经反馈疗法和情绪释放技术（EFT）。网络上有很多有关这些方法的介绍，你可以通过学习自己来完成。

自我效能感

> 如果我相信自己能够做到，即使我一开始可能没有这种能力，我也一定会获得这种能力。
>
> ——圣雄甘地（MAHATMA GANDHI）

让我们通过讨论自我效能理论来结束本章。这个词很少用于金融领域，但毫无疑问，它对财富和幸福至关重要。

自我效能感是斯坦福大学心理学家阿尔伯特·班杜拉（Albert Bandura）提出的一个心理学概念，它让人相信：我可以做我决定做的任何事情，相信无论发生什么我都会成功。

研究人员阿黛尔·阿特金森（Adele Atkinson）和弗洛尔·安妮·梅西（Flore Anne Messy）在一项关于金融素养的国际研究报告中完美地描述了自我效能感的重要性："个体需要有寻找金融信息的动机、控制可能影响其决策的情绪的能力，以及对自身决策和财务管理能力的保证。"

换言之，你可能知道投资是创造财富和让你舒适退休的必要条件。你甚至可能对投资相当了解，参加过无数的投资课程，读过无数关于投资的书。但是如果你不相信你可以明智地进行投资，不会造成无可挽回的损失，你可能甚至不会尝试去投资。或者你会在遇到第一个绊脚石时就退缩不前。更糟的情况是，你会无意识地形成局限性的信念，让自己做出错误的选择，就像我40年来所做的那样。

强化自我效能感是经济成功和个人幸福的秘密武器。这是知道做什么和实际做什么之间的区别，是有能力和感到真正自信的区别，是传统的金融教育和重塑大脑响应机制的教育之间的区别。

2013年《经济心理学》杂志报道了一项针对1542名澳大利亚女性的研究，发现“金融自我效能感较高的女性更有可能持有投资和储蓄类产品，而持有债务相关产品的可能性较小”。

这项研究发现，财务上的自我效能感比财务知识更能预示女性的财富幸福感。

多年来，研究一直告诉我们，女性对投资能力的信心远远低于男性。我相信，提高自我效能感是提升女性财富幸福感的关键。但是，为了获得增强自我效能感的工具，你参加过多少课程，咨询过多少专业顾问，读过多少相关的书？

不幸的是，传统教育往往注重事实而忽视人内在的挖掘。这是启发我写本书的原因之一。我想教你如何通过训练你的大脑来提高自我效能感，进而重塑大脑，让自己自信地创造财富、幸福和你想要的任何东西。

第三章　打通与财富的联系

不是因为事情难，我们才不敢做，而是因为我们不敢做，事情才难。

——塞内卡（SENECA）

欢迎来到迷人的个人财富世界。我想，对你们中的一些人来说，这个世界让你们感觉更不安而不是迷人。我完全理解。在这一章中，我将尽我最大的努力，通过深入浅出地解释、简化让你们了解现在可能不熟悉的事情，消除你们的恐惧。我们将通过深入研究以下四个问题来做到这一点。

1.什么是财富？

2.我如何创造财富？

3.为什么积累财富让你如此恐惧？

4.怎样才能最好地保护自己？

当你阅读下面的内容时，我想让你记住，什么时候你的思绪开始游荡，什么时候你开始丢三落四、迷迷糊糊。如果发生这种情况，花点时间看看为什么你失去了注意力。也许你累了，需要休息一下，或者你的“自我”深居原始大脑中，试图限制你进入它认为的高风险区域。

你需要要么休息一下再继续阅读，要么记录下这时你的反应，为后期寻找解决方法做好准备。当然，当你遇到不熟悉的措辞或令人费解的专业术语时，愣在那里不知所云是完全正常的。虽然这时你如坠云雾，但是不要放弃或者忽略它，一知半解地继续往下进行，你要立即在网上或用工具书查找这个词或短语。凡事求甚解，学习的东西才能够对自己产生很大的教育意义。

什么是财富？

> 财富不属于拥有它的人，而是属于享受它的人。
>
> ——本杰明·富兰克林（BENJAMIN FRANKLIN）

在我们开始往下进行之前，我想让你们回答这个问题：

你们觉得需要多少钱自己才能变得富有？

记下第一个想到的数字。在确定这个数字之后，再往下看。

当然，你可能会说，财富不仅仅是积累钱财，爱、健康、自由和友谊都是财富。你说的都没错。但是为了说明本章的内容，我仍然请你给出一个具体的数字。

或许你和大多数人一样，选择了一个比现在你拥有的金钱数额更大的数字，也许要大很多。但我想让你明白的是，财富多寡看的不是数量，而是一种心态。

我见过很多身价百万的女人，她们在经济上却没有安全感。我也知道很多远没有那些女人有钱的人，她们却觉得自己很富足。让自己富有却不幸福不是本书的目的。拥有财富幸福意味着你可以控制你的钱，而不是任由它摆布。

我提出了一个不同的财富定义，一个描述理想心态的定义：**财富意味着你拥有的足够多，而且你能认识到这一点**。你不仅有可支配收入，还有面对债务时能让自己缓冲的储备，以及有为不可预测的开支而准备的谨慎性储备，最后还有一个可以让你睡个安稳觉的财富净值。你充分认识到你的状态很好。换句话说，合理的财富储备让你感觉生活甜蜜，金钱不再是压力或分心的来源，而是打造安全而有意义生活的有力工具。

然而，与任何工具一样，你必须了解如何熟练地使用财富以获得最大的收益，而让风险可以忽略不计。这让我想起我丈夫的电锯，他熟练地操作电锯完成各种工作。“财富电锯”在我的手中，一想到我会造成的破坏，我就不寒而栗。

本章旨在提供一个指南，让人们自信而能胜任地享受我们称之为金钱的不可思议的工具。

如何创造财富？

> 千万不要花尚未到手的钱。
>
> ——托马斯·杰斐逊（THOMAS JEFFERSON）

要创造财富，你所需要做的就是遵循四条规则，顺序如下：

1. 少花钱。

2. 多储蓄。

3. 明智地投资。

4. 慷慨地给予。

诚然，坚持前三项可能是一项艰巨的挑战。直接跳到第四项听上去很有诱惑力，这能带给你更多乐趣。毕竟，给予会在大脑中释放那些让人感觉良好的荷尔蒙，比如多巴胺。但必须按此顺序遵守规则，绕开前三个，不仅会危及你未来的财务安全，还会削弱你用金钱所能产生的影响。

重塑行动

评估你与财富的关系

用1~5分来评价你在每一项上的状态。5个数字从小到大表示状态逐渐变好。1表示非常糟糕；5表示非常棒。

支出：______________

储蓄：______________

投资：______________

给予：______________

然后问自己以下问题，写下你的答案。

如果你通过努力可以将其中一项的分数改为5，是哪一

重塑行动

项？________

如果你阅读本书的目的之一就是把这项的分数提高到5分，你要怎么办？在下面重写前言中关于你阅读本书的意图，将提高这项的分数包括进去：________________________

____

用1~5分来评价你有多大的动力和决心去改变它：______

要特别注意那些在阅读本章时你的评分为4分或更低的项目。你可以问问自己：是什么阻止了该项得到5分？你的回答揭示了在阅读时你需要集中精力的地方（以及你可能会迷糊的地方）。

前三条规则是告诉你怎样做。不断重复这些行为——花的比拥有的少，储蓄比你需要的多，投资于能战胜通胀的资产——正是你重新构建财富大厦的方式。你要不断地把注意力集中在大脑中形成的这些思维上。第四个规则告诉你，为什么虽然你会抵触前三条规则，但是仍然要坚持遵守它们。下面让我们详细看看每个规则。

规则1：少花钱

> 太多人花费他们尚未挣到的钱，购买他们不需要的东西，只是为了给他们并不喜欢的人留下深刻的印象。
>
> ——威尔·罗杰斯（WILL ROGERS）

很明显，如果你花的比你拥有的多，你永远不会拥有足够的钱。最好的情况是，你只能在一条摇摇欲坠的温饱线上勉强度日。最坏的情况是，你会陷入逾期未付的账单和债权人的电话带来的混乱之中。**债务和幸福永远不能共存。**

但即使你一直很节俭，我也邀请你仔细审视一下自己的消费习惯。最好的方法是跟踪记录你的开支，写下你所花费的一切。相信我，这个练习不仅仅适用于那些经济能力有限的人。这些数字讲述了一个关于你生活的故事。你会发现自己的坏习惯和思维盲点，知道你把时间和精力放在了哪里，你生活中缺少什么，洞察到你在哪些地方还没有体现出价值。

重塑行动

跟踪记录开支

下面是跟踪记录开支的具体做法。

买一个小笔记本或者任何方便记录的工具，要能够方便放在你的口袋或钱包里。无论何时你买什么东西——报名瑜伽课、购买地铁票、买一杯咖啡或一双鞋——不管你是用现金、支票、储蓄卡还是信用卡，都要及时、快速把花费的项目和费用记下来。在购买时就马上这样做。否则，当收据堆积如山的时候，你很可能会不堪重负而放弃。

我希望你至少在最初的几个月中，以手工方式（而不是电子方式）进行此练习。使用一个APP可能会更容易操作，但是实际的记录行为可以使你更加专注，并让你与金钱的联系更加密切。否则，很容易让你的行为合理化，而忽略潜在的后果。

做这个练习我也不是要你改变什么。如果你愿意的话，你当然可以有所改变，但在这个过程刚开始时，我希望你就是简单地记录你花了多少钱，花在了什么上面，不加任何判断。这是一个提高意识的练习，而且它很强大！

经过几周的跟踪记录，我的客户贝齐·弗勒（Betsy Furler）很激动。“写下我的花费，看到它，让我觉得自己很有控制力！”她喊道。“这让我在花钱时会三思而后行。我觉得自己很强大。每个决定都是我自己做的。”

不过，如果你的大脑反对跟踪记录开支，不要惊讶。我记得当我的导师凯伦·麦考尔第一次给我布置这个任务时，我抵制了好几个月。我会不断开始和停止，忘记写某些项目，愤怒地拒绝去做。但正如凯伦不断提醒我的那样：“跟踪记录开支是一种工具，而不是折磨自己的武器。”我要对你说同样的话。如果你半途中止了，你只要尽快回去就行了。

当我最终坚持下来时，我有了一些意想不到的惊喜。例如，我看到我在面霜上花了一大笔钱，而面霜对我却根本没什么用。凯伦温柔地解释了我做的这一切的意义：“你在试图填补你灵魂中的一个洞，这是任何金钱都无法填补的。”她的话语温柔安静。我知道她是对的。

这个星球上所有的润肤霜都无法抹去我深深的羞耻感和无价值感。

同时，凯伦注意到我经常使用放大镜阅读。当她问我为什么没有处方眼镜（译者注：在美国配近视眼镜需要有眼科医生开具的处方）时，我听到自己说："它们太贵了。""现在这就是剥夺，"她说。"你没有给自己真正需要的东西——好视力。而你却在消除自己的皱纹上无谓挥霍。"然后她说了一句引起强烈共鸣的话：**"在真正不需要的东西上你永远不会得到满足感。"**

追踪记录开支不是要你作出牺牲或剥夺你的权利。它是在帮你有意识地选择更健康的行为。我记得凯伦对我说过："去做按摩放松没有错，但是如果你选择一个月做一次而不是每周做一次，然后把你花在按摩上的钱储蓄起来，是不是更好？"这条建议适用于所有的事情，从下饭馆到网上购物。

追踪记录开支还通过将注意力集中在更健康的行为上来刺激重塑你的思维。查尔斯·杜希格（Charles Duhigg）在其著作《习惯的力量》中谈到了一项为期四个月的意志力研究，该研究由两位澳大利亚研究人员肯·程（Ken Cheng）和梅根·奥滕（Megan Oaten）设计。参与者通过记录四个月内每次购买的物品，不仅他们的财务状况有所改善，而且他们吸烟和饮酒变得更少，吃的垃圾食品也更少，工作效率更高。

杜希格写道："随着人们在生活的某一部分上提高了意志力，这种力量会渗透到他们的饮食或工作中。意志力一旦增强，就会影响到一切。"

最终，你会将你的支出分为不同的类别：抵押贷款、汽车、杂货、下饭馆、看病，等等。有些类别你可能会忽略，如度假、服装或个人护理。为此，我建议你使用众多流行的预算APP之一来完成这个挑战。一旦你通过记录知道哪些是固定开支，哪些是可变的，你就会知道在哪些方面可以省钱。当然，还要计划偿还债务。我强烈建议你尽快还清债务，停止使用信用卡。当你还有账单未付时，财富是无法持续的。

规则2：多储蓄

> 每当你挣了10个铜板时，只拿9个出来用。
>
> ——乔治·山缪·克拉森（George Samuel Clason）

第一条规则，少花钱，让你为第二条做好准备——先“付钱”给自己，才能多储蓄。每次有钱时，先把一部分存入个人储蓄。比例是多少呢？10%是一个理想比例，当然，再少一点也绝对是不错的。

不幸的是，很少有人这样做。2019年，美联储的一份报告发现，只有五分之二的美国人在突然需要支付400美元时能拿出钱来。为什么这么多人有如此少的储蓄？错误的根源可能在于我们的大脑。据报道，康奈尔大学的神经科学家发现，我们的大脑偏向于挣钱，而不倾向于储蓄。也许这是因为花钱能够带来即时的满足感，而存下少部分的钱带来的愉悦感就像看着青草慢慢生长，无法马上带来满足感。当下的快乐总是比较吸引人。

研究报告合著者、人类发展学副教授亚当·安德森（Adam

Anderson）在接受采访时表示："从根本上说，储蓄对我们的大脑价值不大，因此我们的大脑在储蓄上投入的注意力资源较少。我们的大脑发现储蓄更难处理。"

然而，将注意力专注于收入上可能是不明智的。只关注收入会让你产生一种我称之为"富裕的幻觉"的感受。成功的女性往往花钱很多，储蓄太少，把所有利润都投入到自己的企业或花在个人成长的课程上（貌似她们称之为"投资"）。丰厚的收入给了她们一种幻觉，但却没有给她们真正富裕的安全感。正如我之前所说的，财富不是来自你所赚的，而是来自你用你所赚的做了什么。

对许多人来说，储蓄就像是自我强加的贫困，正如我最近收到的一位粉丝的一封电子邮件中所表达的："我怎样才能存钱创造财富（这意味着削减开支），并且仍然有一种富足而不是缺乏的感觉（这意味着消费的欲望）？"

在她的脑海中，消费提供了令人愉悦的繁荣"伪装"，而储蓄则让人觉得自我克制。但是，一个有财富观念的人对财富的看法完全不同。储蓄意味着你把钱给了自己（不是信用卡或星巴克），这样做最终你就可以随心所欲地购买任何东西，而无须有任何压力或担忧。这两种心态之间的区别不是剥夺，而是延迟满足。延迟满足的能力是成熟的标志，也是积累足够财富的最快方式。

理想的情况是：当你习惯成自然时，储蓄变得如此容易。只需联系你的银行（在线或亲自去一趟银行柜台），填写一份表格，要求他们每月自动将一定金额（无论多少）的钱转入你的储蓄账户即可。这样即使看不到这个过程，你也不用担心忘记存钱。而且，不费吹灰之力，你就启动了重塑思维的过程。当你看着你的储蓄一点点增长时，你大脑的“奖励中心”就会亮起来，你想存更多的钱的倾向一天比一天增加。

但如果到月底你连几块钱都拿不出来去储蓄，怎么办？迪翁·托马斯（Dionne Thomas）是我的客户，她没有储蓄，我记得问过她：“你用闲钱做了什么？”

“闲钱？那是什么？”

她和大多数人一样，在琐碎的东西上浪费的钱比她意识到的要多得多，几乎没有积蓄。事实上，她从未想过她有选择的余地。她家里没有人有存钱的习惯。

“我以前从来不知道什么是闲钱。”当我晚些时候采访她时，她笑着说。“但是自从我开始跟踪记录开支，开始关注自己的钱，我总是将我不花的一部分钱存到银行。”

在将储蓄作为一个优先考虑事项几个月后，她的储蓄账户中有了几百美元。“现在，每个星期结束时，我除了支付账单，还会储蓄下一部分。我从未对储蓄感到如此兴奋。”她如此说，并告诉我，脓肿的牙齿让她极度痛苦，现在她有足够的钱来治疗它，她还有钱购买新轮胎去来一次自驾旅行，这真是太神奇了。

这里有一种养成储蓄习惯的简单方法：每天晚上，将零钱从钱包里放到一个罐子里，每个月月底将罐子里的钱存到银行。我曾经有一个客户，在她的孙子出生的那一天，她开始戒烟，将买香烟的钱存起来。到孙子高中毕业时，存的钱已经可以支付他的大学学费了。而另一个人，则将洗衣服时口袋里的零钱和使用优惠券省下的钱进行了第一次股票投资——购买了三股迪士尼的股票，最终回报不菲。永远不要低估一点一滴积累的力量，积沙成塔。

重塑行动

削减与储蓄

让我们看看你可以在哪些地方削减开支来储蓄。

当你记录支出情况时，要注意自己可以在哪些地方少花一点钱，然后把这笔钱存入储蓄账户。纽约人贾兹敏·罗伯茨（Jazmine Roberts）是我们的“重塑财富导师计划”的参与者，一次她预约了按摩服务，这是她身体急需的。当她发现这次按摩要花180美元时，她做了一些研究，在其他地方找到了一个收费39美元的地方。她把省下的钱存了起来。在处理下饭馆吃饭问题上，她做了同样的选择。她发现自己和丈夫几乎每天晚上都在外面吃饭。现在他们一周中只周末出去吃一次饭。

我建议要储蓄8到12个月的生活费用。这可能要花一些时间，但这是一个很好的让你努力的目标。我还建议设置两种类型的储蓄账户：为紧急情况和意外支出开设一个轻易不能动用的紧急账户。买新鞋不是紧急事件，但是有时也是需要的，因此，要为买衣服、度假、看电影等开设一个可灵活动用的账户。这个账户能够防止你动用紧急储蓄，或感到自己被剥夺享受的权力。

规则3：明智地投资

> 你觉得有多少百万富翁是通过把全部钱存在银行致富的？答案毋庸多言。
>
> ——罗伯特·G.艾伦（ROBERT G.ALLEN）

当你遵守第三条规则——明智地投资，将资金投向增长快于通胀的资产时，你就进入了财富创造的世界。（警告：在本节中，你可能会无意中发现一些令人困惑或不熟悉的术语。正如我之前所建议的，请在继续阅读之前想办法弄明白它们。）

诚然，即使是对金融行业的女性而言，投资也可能是令人望而生畏，容易被忽视的。不知道有多少银行家、首席财务官、财务顾问、按揭经纪人和理财导师在演讲结束后走到我面前，尴尬地说："虽然我以教人理财为生，但我自己的财务状况其实糟糕透顶"或"我管理着数百万美元，但对于管理自己的财富，我就像个傻瓜。"

就在写到这部分内容时，我被一位投资顾问发来的电子邮件打断了，邮件中说："即使知道这些道理，我也会陷入困境，无法管理自己的资金。"

如果你还记得我们在上一章中讨论的问题，你就会很容易理解这些人为什么存在这样的问题。有深厚的财务素养不代表你具有高的财务效率。**知识无法对抗高度活跃的原始大脑的认知**。

只要你重塑财富思维，投资就会变得简单，不再令人恐惧。套用传奇股票投资家彼得·林奇（Peter Lynch）的话来说，投资里没有什么是五年级学生无法理解的。对此，你的“自我”会愤怒地反驳道：“这是胡扯！”

让我告诉你投资到底有多简单。投资只有两种方式。你要么用你自己的钱，要么贷款。而且只有五个资产类别可以投资：

1. 股票。投资股票，会让你获得一家公司的股份。

2. 债券。通过购买债券，你可以向公司、政府机构提供贷款，而回报是你能获得债券承诺的利息。

3. 房地产。这会让你拥有房屋、建筑物或土地。

4. 现金或现金等价物。相当于你把钱借给银行、货币市场基金、存单或短期国库券。

5. 商品。你可以投资黄金或石油等原材料，小麦或猪肉等农产品。

让我们比较一下每种资产在对抗通胀方面的表现。毕竟，你进行投资的一个原因是防止你的全部储蓄被不断上涨的物价吞噬。

- 美国的通货膨胀率平均每年为3.5%。
- 现金回报率平均每年约为3%（尽管在本书撰写时，回报率不到2%）。
- 股票回报率平均每年略高于9%。
- 房地产回报率平均每年6.2%。

- 债券回报率平均每年约5%。
- 商品年回报率为6.9%。

看到这些数据，你能理解为什么你的现金中至少有一部分需要投资于回报率高于通胀率的资产了吗？根据2019年Ellevest公司的人口普查，不做投资的女性的资产在5万美元到100万美元。逃避投资要付出高昂的代价。

谈到投资，我们不能不提“72法则”[①]，这是一个确定投资翻番所需时间的公式。公式很简单：72÷年增长率×100。举个例子：假设你拥有一只平均每年收益率8%的基金，72÷8=9，也就是说，需要9年才能使你的资金翻一番。将同样的金额存入银行，按利息率1%计算，将需要72年的时间才能翻倍。即使利息率提高到3%，你也需要24年才能使资金增加一倍。

（此公式也适用于债务。假设你的信用卡利率为12%，72÷12=6，你会发现你的债务在6年内将增加一倍。）

规则4：慷慨地给予

> 只有那些拥有真实而持久的富足感的人才有能力做慈善之事。
>
> ——《奇迹课程》

① 所谓的“72法则”，就是以1%的复利来计息，经过72年以后，本金会翻倍。

通常，在演讲时，我会问听众：“你们中有多少人对投资知之甚深或者有所了解？”很少有人举手。

“为什么你们不去了解投资呢？”我问。

“我没有时间。”“它太难以理解了。”或者“我不知道从哪里开始学习。”大多数人会这样说。

“很有趣。”我沉思着。然后我提出另一个问题。

“如果一位医生告诉你，随着年龄的增长，你的病情会严重影响你的生活质量，那该怎么办？我打赌，不管你有多忙，或者感觉这个病有多复杂，你都会找到一个途径来研究最好的治疗方法是什么，并确保你得到它。”

听众点头表示同意。

“好吧，同样的道理，如果你忽视对金钱的管理，就表示你认为生活质量对你来说无关紧要。”

事实上，如果没有强有力的理由支撑，重塑财富思维可能会很困难，尤其是对女性而言更是如此。与男性不同，一旦女性的经济稳定，我们很少会被更多的钱所激励。驱动我们的是，我们知道可以用钱来改善自己和他人的生活质量。

在西蒙斯管理学院（Simmons School of Management）的一项调查中，70%以上的受访女性表示，能够激励她们的动力不是“特权、地位或个人利益”，而是帮助他人、为社区做出贡献、让世界变得更美好。

如果你正挣扎于前三条规则，或者发现自己陷入了财务困境，试试把注意力集中在能激励你的事情上，不要老是想着让你害怕的事情。这被称为选择性注意，是一种重组大脑的强大技术，我们将在第六章中再次讨论。不要纠结于事情可能的出错，试着把你的关注点转向投资能给你带来什么。想想，拥有更多财富让你能够做自己感兴趣的事业，帮助你的孩子、父母和你爱的人；想想，财富带来的令人振奋的自由感、安全感和自信，你还害怕学习理财吗？

最终，我做到了。我开始想象自己成为女儿们的榜样，而不是纠结于害怕把事情搞砸。当我有心做出改变时，我不用再选择。逃避经济问题不再是一种选择。每一个女人在最终握住经济的“缰绳”时都会说：“我觉得自己很强大。”因为当你掌控了财富，你就控制了生活。在2019年的Ellevest研究中，无论男女都同意：“财富是掌控生活的关键。”而对于女性来说，控制自己的金钱是“信心的头号助推器”。

重塑行动

发现动机

问自己下面这些问题，并快速记录下你的想法。

我为什么要读这本书？

____

____

在我的生命中，我想在哪些地方付出更多（给我自己，

重塑行动

给我爱的人，给我热爱的事业）？

____

____

____

为什么积累财富让你如此恐惧？

在投资领域，舒适的东西很少有利可图。

——罗伯特·阿诺特（ROBERT ARNOTT）

投资之所以让人觉得可怕，原因很简单：你面临的风险很大。神经科学研究证明，所有人都不喜欢面对失去的比可能获得的更多的情况。毕竟，失败对我们的远古祖先来说就意味着死亡。而今天，当市场崩盘时，媒体都会宣称“要向安全的方向躲避”，大量投资者涌向更安全的投资产品（如美国国债），比一群惊慌失措的原始人逃离剑齿虎还要快。甚至还设计了一个指数，叫波动率指数（VIX），用来衡量投资者的恐惧。市场是散播恐惧的“自我”最喜欢的“游乐场”。

但这正是我们需要正确看待风险的地方。现金或现金等价物如银行存款或存单被认为是最安全的投资。基本上没有什么不确定性。但即使政府对回报进行了信用保证，现金真的没有风险吗？不，当然不是。你有通货膨胀的风险。随着时间的推移，随着物价的攀升，你拥有的现金的购买力直线下降。

购买股票或公司股份肯定会带来更大的风险。即使是最好的公司，股价也总是上下波动。我们谈论的风险指的是波动性，即资产的波动程度，称为市场风险。你需要市场风险来保护你免受通货膨胀风险的影响。

记住：只有当你卖出时，价格波动才有意义。其他一切都只是"噪音"，市场在做市场应该做的事情，波动像在公海上一艘小艇的起起伏伏。

在早期对那些精干的女性的采访中，我总是问每个人："你怎么有胆量把钱投入这个市场？"毕竟，我的第一任丈夫就是这样输掉我的钱的。她们的回答彻底改变了我的想法。"我知道我的投资收益会有波动。我接受这一点，"一位女性解释道，"我也相信，从长远来看，我会做得很好。"

那是让我醍醐灌顶的时刻。"风险"不是"损失"的同义词。风险是获取利益的机会。对风险的正确理解使你富有。

你想知道最危险的风险是什么吗？不是市场的波动，而是你的情绪反应。我们的大脑甚至在意识到风险之前就记录了风险。因此，即使我们对风险进行了比较深刻的了解，往往也会做出草率的决定，结果也很少会是好的。

因此，当市场崩盘时，我们的情绪，尤其是恐惧，会占据主导地位。我们做出了非常糟糕的决定。反过来也是这样。当市场处于一片繁荣时，人们倾向于风险大的领域，喜欢随大流，就像许多人在科技和房地产繁荣时期所做的那样。无论哪种情况下，人们都容易出现从众心理。在经济好的时候，投资过于积极，很有侵略性，在经济不好的时候则过于保守，畏手畏脚。

20世纪最伟大的投资顾问之一本杰明·格雷厄姆（Benjamin Graham）在其经典之作《聪明的投资者》中写道："投资者的最大问题甚至最可怕的敌人，很可能就是他们自己。说到底，你的投资方式远不如你的行为方式重要。"

现在，有一个好消息——我将向你展示如何最大限度地降低风险，保护自己免受毁灭性损失，并把投资放在自己最有胜算的产品上。

怎样才能最好地保护自己?

> 你可以不确定下一步会发生什么，但你要坚信，不管发生什么，你都会没事。
>
> ——佚名

我们在本节中真正探讨的问题是：我如何控制住一触即发的边缘系统（我的恐惧中心），从而让自己可以充满信心地投资，而不是因为过度恐惧而反应过度？是的，市场是可怕的，你不能消除风险。但你可以通过实践下面五种行之有效的策略，在市场跳水时让你的头脑保持冷静，管理风险并控制你的情绪。

策略1：多加学习

> 知道得越多，做得越好。
>
> ——玛雅·安格鲁（MAYA ANGELOU）

沃伦·巴菲特（Warren Buffet）曾经说过：**“风险来自不知道自己在做什么。”**他说得对。**你对损失的最好保护是基于知识而不是恐惧、无知或习惯做出决定。**不管你的知识多么渊博，总有更多的东西要学。这就是投资的乐趣所在。

如果你在投资上才刚刚入门，学习进行投资对你来说可能就像在雷区中航行。你的“自我”会尖叫：“把我弄出去！太危险了！”这就是我多年来的感受。直到我理解了学习曲线的四个阶段，我才弄清楚自己为什么有那种感受。在让自己在理财或其他方面变得聪明的过程中，你需要经历所谓的学习曲线（图3.1）。

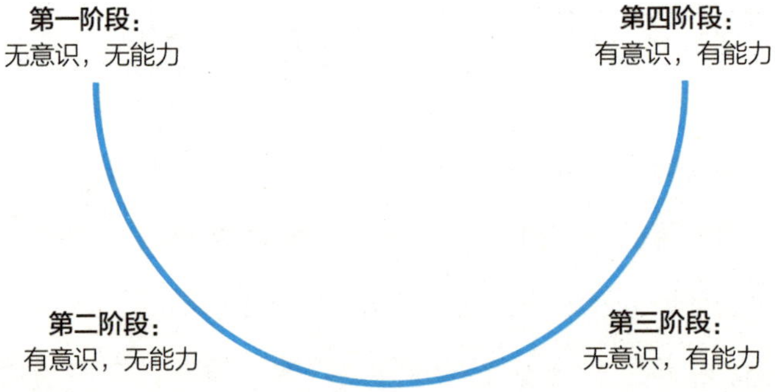

图3.1 学习曲线

我一生的大部分时间都处于学习曲线的第一阶段，即无意识无能力。我甚至不知道我不知道什么。“无知就是幸福”这个词解释了为什么我不想离开这个阶段。尽管我的配偶给我制造了一颗滴答作响的“定时炸弹”，我仍然骗自己在这里感到安全。

一场危机——我付不起一大笔税款——才把我踢进了第二阶段，意识到自己的无能。我现在别无选择。我需要变得聪明。然而，当我拿起一本金融书籍的时候，我又被焦虑“抓住”了。每个字我都认识，但组合起来我就完全不懂了。我的内心在渴望前一阶段的舒适。

但巨额的税单，三个年幼的女儿，以及一穷二白的银行账户，让我坚持了下来。尽管被恐惧和困惑包围，我还是强迫自己继续阅读，继续上课，不断提问。偶尔，我会发现自己已经进入了学习曲线的第三阶段——无意识，有能力。有人提到“共同基金”这个词，我知道它是什么。事实上，我在财经报纸上聚精会神地读过整整一页相关内容，算是有过泛泛而读。现在，这种学习已经开始初见成效了。

最后，在黑暗中挣扎数月后，我意识到自己处于学习曲线的第四阶段，即有意识有能力。是的，我仍然需要继续学习，但我现在觉得自己对理财这个主题有了很好的理解。

让自己在学习曲线上不断前进是非常具有挑战性的。为了让自己继续前进而不停滞不前（至少不停得太久），我设计了一个简单的两步系统，我称之为“**渗透式学习**”。在短短的几个月里，我感到非常惊讶——我居然变聪明这么多。小步走，持之以恒，虽远必达。

- 每天读一些关于财经的内容。

即使只是一两分钟，即使你只是浏览报纸商业版的标题，或者在杂货店排队时随手翻阅杂志，也要抓住一切机会读一些关于财经的内容。因此，让自己变得聪明或者在金钱问题上变得明智，你只需要多多熟悉术语，了解当前的趋势。

我记得，早些时候，我订阅了财经报纸。我会把它放在厨房的桌子上，每天我从它旁边走过，都会随手拿起看几分钟，潜移默化中就学会了很多知识。现在，即使我不做其他的，我也会浏览一下新闻标题。这种方法你也可以应用到电视或电台的财经节目上。但要注意辨别哪些信息是炒作的，毕竟好事不出门坏事传千里，坏消息总是“跑得很快”。

- 每周进行一次理财问题对话。

最好是和比你更了解理财的人在一起。我从我采访的女性身上学到了很多东西，所以每当我遇到一个在财务上精明干练的人，我都会虚心求教，询问她们是如何变得擅长的，她们犯过什么错误，她们得到的最好的建议是什么，以及她们有什么建议。一般来说，人们对于好学的人都不吝啬自己的时间和知识。

我也参加一些课程，与人在课上交流理财心得。播客也是一种很棒的交流渠道。刚开始，在向金融专家学习时，我真希望有个翻译。金融语言对我来说确实是一门“外语”。后来，我终于意识到我需要大胆表达，可以要求专家解释，不懂就问，一直问到我明白为止。

策略2：预先计划

许下愿望与动手计划需要的精力一样。

——埃莉诺·罗斯福（ELEANOR ROOSEVELT）

不久前，我的一个团队中的一位女性自豪地宣布，她已经将自己的401（k）计划[①]最大化利用，并且根据一位在经纪公司工作的朋友的建议，在退休基金之外一直购买股票。

她应该感到骄傲。但当我问她做这些是否有计划时，她看起来很困惑。

"你怎么知道你的投资组合是否合适？"我问她。"或者你怎么知道自己面临的风险是大还是小？"

是否创建个性化的财务计划是投资与赌博的区别。随意挑选股票或债券，跟随热点消息或购买最热门的基金，试图精准把握市场

---

① 401（k）计划始于20世纪80年代初，是一种由雇员、雇主共同缴费建立起来的完全基金式的养老保险制度。它是一种缴费确定型计划，实行个人账户积累制，缴费和投资收益免税，只在领取时征收个人所得税。雇员退休后养老金的领取金额取决于缴费的多少和投资收益状况。401（k）计划资金可以投资于股票、基金、年金保险、债券、专项定期存款等金融产品，雇员可以自主选择养老金的投资方式。其投资风险由雇员承担。

时机（在高点买入，在下跌时疯狂抛售），或者拖延作出投资决策，没有正当理由地放弃某个投资机会——这就是赌博，从最坏的意义上说，这是真正的风险。

从另一个角度来说，投资是达到目的的一种手段。投资的全部目的是建立一个投资组合，确保无论市场如何，你能实现定下的目标，让你的未来有所保障。

著名投资者本杰明·格雷厄姆在其著作《聪明的投资者》中解释道："衡量你投资是否成功的最佳方法不是看你是否战胜了市场，而是看你是否制定了可能保证你达到想要的目标的财务计划和行为准则。"

一个好的财务计划可以解决三个问题：

- 你现在在哪里？
- 你想去哪里（短期和长期目标）？
- 从现在的位置到达你想去的位置，你需要做什么？

在这些答案的引导下，你们就可以根据自己的时间、预算限制和风险容忍度（你们承受投资组合大幅波动的能力）制订一个计划了。

多年来，我与很多金融顾问合作，他们帮我在个股上进行投资。在投资上，我也听从了第二任丈夫的指导，他是一位共同基金专家。但我没有计划。

后来，我遇到了艾琳·迈克尔斯（Eileen Michaels），一位精力充沛、满头红发的金融顾问，来自美国东部，聪明、热衷于对女性开展教育。见第一面，我马上就知道：我想和她一起工作。最初我的想法只是让她帮忙管理我的股票投资组合。她显然另有想法。

她告诉我："你不能那样毫无战略计划地胡乱投资。支离破碎的投资，只会让你的财富规模越来越小。"

"你的投资标准是什么？"她问道。我不知道。所以我考虑了一下，列出了一个清单。

首先也是最重要的是，我想让投资非常多样化，因为那时我知道这很重要。（我们将在下一节深入讨论这方面内容）

我关注的重点不是我的投资在牛市中是否能获得暴利，我希望的是当市场崩溃时，我的财富能够得到很好地保护。

投资共同基金需要支付巨额费用，这让我非常不满，所以我想把所有投资都集中到股票上。

我非常清楚：我想参与决策。

艾琳接着问我：你想怎么用你的钱？这很容易。我想存一笔可观的积蓄，可能比她建议的要多，但在嫁给一个赌徒之后，我需要有一个厚厚的"保护垫"来提供安全感。我们讨论了我和第二任丈夫考虑搬家的事，所以我可能需要钱买房。我们讨论了孩子的教育，以及我作为作家的收入，有一天能坐上私人飞机的梦想，等等。

根据这些对话，她制订了一个计划，确保投资的风险既能保证实现财富增长，又不至于让我感到害怕。然后，她将该计划付诸实施——创建了一个多样化的股票和债券投资组合。然而，我们还面临一个问题。我因为工作经常出差，当她想对投资组合进行调整的时候，却永远也找不到我。

所以我们又一次回到桌子上进行讨论。2000年，她向我介绍了两种我从未听说过的投资工具：指数型基金和交易所交易基金（ETF）。指数型基金可以在市场收盘时买卖，ETF就像股票一样在交易所交易。这两种基金都跟随指数（投资某一特定指数中的股票，比如标准普尔500指数或罗素1000指数），使我能够以比管理基金低得多的费用实现多样化。最重要的是，这些基金的表现超过了85%的知名基金经理，下面就是一个例子。

2007年，传奇投资者沃伦·巴菲特与一位著名对冲基金经理打了100万美元的赌。巴菲特打赌，先锋500指数基金在10年内的表现将优于更复杂、费率更高的对冲基金。猜猜谁赢了？2017年，指数基金回报率为7.1%，而一揽子对冲基金回报率为2.2%。

策略3：投资多样化

> 分散投资。和其他许多领域一样，投资股票或者债券时，足够数量的投资标的可以带来安全。
>
> ——约翰·邓普顿（JOHN TEMPLETON）

我曾看过一部让我捧腹大笑的漫画。一位财务顾问坐在桌子对面，身体前倾，严厉地警告手里拿着一篮子鸡蛋的复活节兔子：“千万不要把所有的鸡蛋放在一个篮子里！”

当然，顾问的本意是告诉他的客户多样化的重要性，或者说告诉你应该把钱（鸡蛋）分散到不同的资产类别（篮子）上，如股票、债券、现金、房地产，甚至商品。

此外，每个资产类别可以划分为不同子类。

- 股票可以分为小型、中型和大型公司的股票（也称为小盘股、中盘股、大盘股）；
- 债券可以分为公司债券、地方债和国债；
- 股票和债券可以进一步按照不同的国家和地区细分，如美国、欧洲、亚洲和新兴市场国家。
- 房地产可以细分为原始土地、住宅和商业建筑。

其思想是不同的资产类别或子类别在不同的条件和时间段会有不同的收益表现，以此来分散风险。比如说，当小盘股受到冲击时，大公司可能表现出色。或者，当美国股市下跌时，国外公司可能持有自己的股票而免受损失，而新兴市场可能正在飙升，反之亦然。而且，由于你永远不知道哪一个行业会遭受下一次打击，多样化可以降低整个投资组合的波动性。

事实上，一项著名的研究表明，在投资组合的整体表现中多样化起到的作用占93%，3%来自选股，4%来自运气。指数型基金或ETF使分散投资变得简单而低成本。

你如何多样化取决于你的目标，这就是为什么制订一个计划是如此重要。需要提醒你的是，一个长期多样化的投资组合可以降低很多风险，但如果你不能控制自己的情绪，这一切都没有意义。

策略4：保持耐心

> 股票市场的目的，是把钱从浮躁的人手中转移到有耐性的人手中。
>
> ——沃伦·巴菲特（WARREN BUFFETT）

在市场上的首次尝试让我记忆犹新，永生难忘。那是1986年，我在一个经纪人那里投资了一小笔钱。一年后，1987年10月，市场崩溃了，一泻千里！我惊慌失措地给他打电话，指示他把所有资产都卖掉。他恳求我不要这样做。我没有听。当然，市场很快反弹。如果我当时能够忍住不动，今天会更富有。

十年后，几乎就在1997年10月的同一天，市场再次暴跌。这一次，我打电话给我的顾问，让她买入。我看到的不是行情暴跌，我看到了资产大减价！股票价格很便宜。我至少在10年内不需要这笔钱。我相信时间最终会回报我的耐心。当然，它已经做到了。

正如财经报纸专栏作家詹姆斯·麦金托什（James Mackintosh）所写："那些在2007年10月9日标普500指数达到历史高点的当天买入股票，并在随后的恐慌和市场崩溃中坚持下来的人，他们的钱已经翻了一番多。"

如果你看看过去100年的市场图表，你会看到一条锯齿状的线，就像过山车一样，尽管有下行的时候，但它仍以总体向上的弧线稳步爬升。

我想让你们记住的是：重要的是整体方向，而不是日常的起伏。这些下跌和跳水只有在你卖掉你的股票时才重要。

以下是如何利用时间安排进行投资来为你带来收益的建议：

- 在未来3到5年需要的钱应该投资到储蓄及现金等价物上。没有市场下跌时不得不抛售的风险。
- 在5到10年内需要的资金可以投资于保守的股票和债券。
- 10年以上不需要的钱可以投资于波动性更大的股票、债券、房地产或大宗商品（因为你有更多的时间来度过高峰和低谷，长时间里抗波动性比较强）。

2016年，美国的《市场观察》杂志报道："在过去一个世纪左右的时间里，从任意一个20年的时间段里考察股票的回报，从来没有是负的，因此，不管市场如何，在艰难的岁月里有耐心和秉持原则去对待自己的投资组合的投资者都会得到回报。"

试图进行波段操作，总想着计算出它何时达到高点，一味追涨杀跌，最终只会带来损失。无数人尝试过那样做，但都失败了。有一些人可能运气好，抓住了几次机会，但这不会持久。"在从事这项业务近50年里，"领航集团创始人、首个指数基金创始人、已故的杰克·博格尔（Jack Bogle）写道，"我不知道有谁能在波段操作上常胜不败。我甚至不知道有谁知道这样的人。"

策略5：屏蔽干扰

> 不要让坏消息的传播者埋葬你的幸福。
>
> ——斯图尔特·斯塔福德（STEWART STAFFORD）

一旦你认可了上面四个策略，我强烈建议下次市场大跌时，你立即这样做：关掉电视，关掉电脑，不要再看你的投资组合。不要理会反对者。相反，散散步或做做按摩，提醒自己市场会反弹，因为它们总是这样。

这就是我正在做的事情，也是我敦促其他人做的事情。截至本书撰写之时，我们正处在一场全球蔓延的疫情中，这场疫情传播尚未达到顶峰，造成了前所未有的经济混乱。没有人知道未来会怎样。但如果说我学到了一个教训，正如我在本章早些时候警告的那样，那就是：基于恐惧、贪婪或任何情绪做出决策从来都不是一个好策略。相反，我每天做做瑜伽和长距离散步。有时我会打电话同我的导师聊聊。我不认为如果没有重新构建我的大脑思维模式，在度过这个艰难时期时我能保持如此轻松的心态，没有感觉到太大压力。

学习投资知识固然重要，但同样重要的是提高你的自我效能感，相信你可以随着时间的推移成功地积累财富。对于这一点，可以参考第二部分：“重塑”，在这一部分你将学习如何重新塑造你的大脑以获得财富和幸福。但在完成第一部分之前，花些时间填写下面的“财富创造者清单”，这是你创造财富的指南。

重塑行动

检查下面的陈述，判断哪些陈述对你来说是真实的。

有些陈述留有空白，需要你填写，它们能成为你创造财富和幸福生活的下一步指引。

重塑行动

☐ 我很清楚我的财务目标。它们是：

______

______

______

☐ 我知道我的净资产是多少：______

☐ 我没有信用卡债务。如果信用卡有欠账，总数是：______

☐ 我有足够的积蓄能维持三到六个月的生活。金额为：______

☐ 我把钱投资在一个退休账户（译者注：退休账户参与者每年可将一定免税额度的资金存入账户，根据自身的风险收益喜好，自主、灵活地配置资产，其投资收益免税，退休领取时才缴纳个人所得税）上。金额为：______

☐ 我有退休账户以外的投资。金额为：______

☐ 我了解自己的投资。

☐ 我将有足够的钱来保证我的退休生活。

☐ 我立下了遗嘱、财务事项授权书，写下了医疗照护指示，在失去能力为自己做决定的时候别人可以按照这个指示对我进行治疗和照顾。

☐ 我确信，如果我今天去世，我的事情会得到妥善处理。

☐ 我知道我所有的财务文件和记录都在哪里。

第二部分 ▶▷

重塑

你本质上是你自己创造的，你生活中发生的一切都是你自己创造的结果。

——斯蒂芬·理查兹（STEPHEN RICHARDS）

第四章　重塑大脑反应机制

> 每个人都想改变世界，却没人想过要改变自己。
>
> ——列夫·托尔斯泰（LEO TOLSTOY）

重塑三步走

> 你必须忘却所学。
>
> ——尤达（YODA，《星球大战》中的绝地委员会大师）

在前面的内容中，我们探讨了重塑财富思维所需的四个组成部分：思维、身体、精神和资金。现在，让我们把这些部分放在一起，让它们发挥作用。我急切地想向你们介绍“重塑大脑响应机制”，这是一个三步走的过程，引导你们走向财富和幸福。我要提醒你的是，如果你一直遵循这个过程，它将让你超越单一目标，实现整体的飞跃。未来你会发现自己与过去大不相同。在你被洗脑走偏之前，你会觉醒真实的自我，明白自己有多强大。你会知道，自己的人生是有保障的，你是真正安全的，因为你相信自己能做到。

我将要分享的重塑大脑响应机制受到杰弗里·施瓦茨博士自我导向神经可塑性理论的极大影响。通过广泛的研究，他证明了“有意识的精神层面的努力会产生一种身体力量，这种力量有能力改变大脑的物理结构”。换句话说，通过有意识地监测大脑是如何工作的，你可以虚拟重组你的大脑，重塑你的行为，让真实的本性复苏。

重塑大脑响应机制包括三个步骤，来对重塑过程进行详细说明。这三个步骤是：

- **识别**
- **重构思维方式**
- **采取不同的应对方式**

在接下来的三章中，我将更深入地解释每一步。虽然这些步骤看起来很简单，但应用起来却不简单。重塑本质上是一种忘却行为，一项比听起来更艰巨的任务。哈佛学习创新实验室项目总监玛加·比勒（Marga Biller）解释说：“忘却后再学习是指当已有的信仰、行为或假设条件产生阻碍时，学会以不同的方式思考、行动或感知。”

《奇迹课程》认为忘却后再学习是“真正的学习……这样我们才能充分认识到生而有之的自我”。

我可以毫不夸张地说，如果你愿意这样做，发生的事情会让你惊讶。

纠正的必要性

> 引起不适只是为了让人们意识到纠正的必要性。
>
> ——《奇迹课程》

怎么知道什么时候该重塑大脑反应机制？我们每个人都有一个高度灵敏的内部声呐系统。无论何时你感觉不好，从轻微的痛苦到痛入骨髓的痛苦，那是你的灵魂在提醒你有什么不对劲。正如《奇迹课程》所解释的："所有问题都在表明需要立即纠正。"重塑大脑响应机制提供了进行必要纠正所需的步骤。

四大前提

> 除非你完全理解了问题，否则一切都不会改变。
>
> ——《奇迹课程》

在往下深入探讨之前，我想让你们了解重塑大脑响应机制所基于的四个前提：

1. 你的大脑是你的过去的产物。
2. 你把注意力集中在什么上，大脑就会产生相应的"脉络"。
3. 重塑需要相当大的努力，尤其是在开始时。

4.未治愈的创伤会抑制或破坏重塑过程。

下面，我简单地解释一下每个前提的含义。

1.你的大脑是你的过去的产物

> 你对事物的期望依赖于你的经历。
>
> ——杰森·茨威格（JASON ZWEIG）

你的大脑就像一本过去记忆的剪贴簿，反映出你的生活和你学到的东西。从你出生的那一天，你的大脑的主要功能就是确保你远离伤害（无论是毒蛇还是愤怒的父母），确保你第二天正常地存在着（不是被捕食者吞噬，也不是失去父母的爱）。因此，你会产生导向幻觉、错误信念，导致你做出自己认为的可以确保安全的不当行为。这些虚构的东西很快就在你的大脑里变成了事实，让你形成停不下来的不健康习惯，就像把一只仓鼠放到一个不停转动的轮子上。

2.你把注意力集中在什么上，大脑就会产生相应的“脉络”

> 跟我说说你在意什么，之后我会告诉你你是谁。
>
> ——奥特加·伊·加塞特（JOSE ORTEGA Y GASSET）

施瓦茨博士解释说：“简单的关注行为会在大脑中产生真实而强大的物理变化。”事实上，**重塑是一个决定你将关注哪些想法、**

情绪或刺激，同时过滤掉其他一切的过程。你关注什么，就会强化大脑中关于它的神经脉络；你忽视什么，就会削弱大脑中关于它的神经脉络。正如这门课程告诉我们的："每一天，每一小时，每一刻，我都在选择我想看的东西，我想听到的声音，我都在成为我想要的真相的见证人。"。

3. 重塑需要相当大的努力，尤其是在开始时

> 所有事情都是先难后易。
>
> ——托马斯·富勒（THOMAS FULLER）

你会遇到非常渴望而尚未实现的目标，为了实现这个目标而去对思想进行改造，会让你感觉像是在逆流而上。正如我之前所说的，你正在与一条老旧道路的强大吸引力作斗争。另外，面对旧思想和情感在大脑中释放出来的化学物质，你会产生溃败的想法。不可避免地，你的"自我"会抱怨："这太难了"，坚持让你回到熟悉的轻松的老路，走阻力最小的道路。你需要有强大的动力，全身心地投入到挑战你大脑固有的习惯和培养更健康的行为中去。

4. 未治愈的创伤会抑制或破坏重塑过程

> 创伤是……当它被忽略或被认为无效时，在被创伤"囚禁"的人内心仍然能听到无声的尖叫。
>
> ——丹妮尔·伯诺克（DANIELLE BERNOCK）

当你经历过创伤时，重塑就算不是变得不可能，也会变得更难。任何时候，当一种情况唤起你过去的痛苦回忆，或让你感到似曾相识的威胁时，大脑会分泌压力荷尔蒙，关闭大脑皮层或逻辑大脑，同时激活边缘系统（情绪恐惧中心），发出一连串警告：停止！前方有危险！这不是真的，但是给你留下记忆的经历触发了你的“内部报警系统”。

创伤有许多不同的面孔。它可能看起来像一个与你情感疏远的母亲，一个有性虐待倾向的亲戚，或者看着你爱的人受苦受难也会带来创伤。

马萨诸塞州布鲁克林创伤中心创始人巴塞尔·范德考克解释说：“受创伤的人体内长期感到不安全。他们的身体不断受到内脏警告信号的轰炸。为了控制这些过程，他们往往变得擅长忽视自己的直觉，麻痹自己内心的感受。他们学会了隐藏自己。”

增强动机，运用决心的力量

> 动机让你开始行动，决心让你保持行动。
>
> ——吉姆·罗恩（JIM ROHN）

你的动机的强弱决定了你重塑思维的能力。因为重塑思维的要求很高，除非你非常有动力，否则你很容易遇难则退。或者，正如约翰·阿登博士在他的《重塑你的大脑》一书中所说：“如果你没有改变的动机，那么你只是在走走过场。”

但无论你有多么强的动机，顽固的旧思维会不屈不挠地与你进行斗争，除非你有全力以赴坚持到底的决心，否则你大概率是要溃败的。决心是你对自己许下的誓言，你将尽一切努力实现你的目标，即使反抗者抬起了丑陋的头——这是肯定的。一旦你全力以赴，你就不可能失败。

事实上，你总是在全身心投入一些事情，比如保持自己安全或做真正的自己。重塑思维需要你选择后者——鼓起勇气去冒险，跳出老路，突破自我形象，打破恐惧，超越家庭、文化的制约，摆脱所有指引你“应该这样、必须那样”的观点。你不需要知道所有的方法，甚至不需要相信它是可行的。这无关紧要。只要你有决心，全世界都会来帮你实现目标。

重塑行动

让我们做一个包含四个部分的练习，评估你的动机和决心的水平，希望能让你有所提高。

第一部分：意图

你所需要做的就是问问自己：这就是我想看到的吗？我想要它吗？

——《奇迹课程》

重塑行动

从重写你阅读本书的意图开始，就像你在第三章所做的那样。再次这样做会有所帮助，因为重复能确保你的认知准确。你的意图可能已经发生了一些变化，或者完全改变了。

我阅读本书的意图是：________________________________

____

现在闭上眼睛，重复你的意图，然后问自己以下问题。花点时间仔细考虑，认真思考你的反应，然后记下你的答案。

我为什么想要它？________________________________

为什么我不想要它？______________________________

如果什么变化也没发生会怎样？____________________

如果所有东西都变了，又会怎样？__________________

接下来，放松，做两次深呼吸，想象你坐在优美的环境中。然后，想象你走近自己四个不同的自己——孩童的自己（3到10岁）、青春期的自己（13到17岁）、你的“自我”（发出恐惧的声音的自己）和未来的自己（1到5年后的自己）。分别告诉每个人你的意图，并询问每个人的看法。想象每个人思考这个问题并如实回答。

孩童的自己怎么说？

____

青春期的自己怎么说？

____

重塑行动

“自我”怎么说？

____

未来的自己怎么说？

____

最后，反思这四个“自己”对这个问题的回答，然后问自己最后一个问题：

为什么我要实现我的意图？

____

第二部分：动机

> 为了保证变革实现，教育者需要做的就是增强学习者的变革动机。
>
> ——《奇迹课程》

接下来，让我们用1分（一点也不）到5分（完全）来评价你的动机强弱。

我有多大的动力去实现我的目标？我的动机强度是______。（你要诚实回答）

如果你写的不是5分，问问自己：为什么我不想要这个目标？

____

重塑行动

我在害怕什么？

____

第三部分：决心

有时，你不能全身心投入。

——《奇迹课程》

现在，用1~5分对你实现目标的决心的程度进行评分。

我有多大决心即使上刀山下火海也要完成它？________

任何小于5的得分都只意味着一件事——你没有决心。就像你不能只是有一点点怀孕一样，你不能说有一点点决心，有决心就只能是全身心投入。你要么有决心，要么没有。正如我之前提到的，事实上，你总是在全身心投入一些事情。按照这个逻辑，你能做的是，要么重复过去，要么为新的未来重塑思维。

第四部分：承诺宣言

当面对挑战时，坚定的心会寻找解决方案，那颗犹豫不决的心只会想着逃跑。

——安迪·安德鲁斯（ANDY ANDREWS）

如果你的分数是4或更少，你想提高这个数字怎么办？

重塑行动

我邀请你们通过我称之为“承诺宣言”的行动来加强你们的决心，这是一系列的声明（你们可以在下面看到），是你们对自己做出的神圣承诺。即使它们现在听起来不是真的，你也要嘴上或脑海里大声说下面的话。用它们作为一种肯定，每天早上、睡前或任何时间重复其中的一部分或全部。即使你给自己打了5分，我希望你也这样做。重复这些宣言将是你通过积极训练重塑思维的第一步。

- 我将全力以赴获得能力，成为自己能成为的人，因为为了积累财富我必须这样做。
- 我将全力以赴增加我的净资产，不管我脑袋里的那个“小声音”有多大声尖叫，让我停下来，别这么做。
- 我已经下定决心这样做，即使现在，我还不知道如何去做。没关系。我知道天地万物会指引我走向我的目标。
- 我承诺不再重蹈覆辙，把之前我必须遵守的所谓“应该这样、必须那样”的观点统统抛开。
- 我将全力以赴看清自己的自欺欺人，拨开掩盖真相的迷雾，直面自己害怕改变的事实。
- 我将全力以赴一步一个脚印地面对我的恐惧，因为我知道，一旦我犯了错，恐惧就会卷土重来，步步为营是保证成功的关键。

重塑行动

- 我将全力以赴挑战自己，以新的方式思考新事物，通过改变大脑响应机制的方式重塑思维，从而创造出新的习惯。
- 我将全力以赴，因为我明白，每当我不履行承诺或违背对自己的承诺时，我的自尊心都会受到打击，自我效能感就会降低，我会对自己失去信心。
- 我将全力以赴地坚持下去，每次在积累财富的道路上跌倒，我都会重新爬起来。这与追求完美无关，只是坚持。
- 我将全力以赴寻求支持。积累财富不是一个单打独斗的项目。

注：这个方法不仅可以自己用，还可以与信任的朋友或爱人分享。请那个人督促你完成。同样，你也可以督促他/她完成。如果你愿意，也许你们两人或者更多人可以组成一个互助小组一起来研究本书。

记住，在任何需要的时刻，你都可以选择如何应对：重复老路或重塑思维。现在，翻开下一页，我将告诉你如何确保每次都选择重塑思维的道路。

第五章　重塑大脑反应机制—步骤1：识别

识别，动词，以某种明确的方式承认或关注。

——《韦氏词典》

帕特里夏的故事：第一部分

我们中的许多人无法认清自己，因为我们不相信自己。

——桑戴·阿得拉加（SUNDAY ADELAJA）

帕特里夏·维特拉（Patricia Vitera）是一家建筑公司的审计员，她在经历了痛苦的离婚后陷入经济困境，这时她加入了我的“重塑财富导师计划”。

“我想让钱为我工作，我想变得对投资充满信心，”她慢吞吞地说，“但我没有进步，我一直在碰壁。”

这只是我们的第二次训练，但她显然很烦恼。

“我做了很多工作，做了一些小改变。但我很沮丧，”她哀叹道，“我想要大的变化，大的飞跃。”她停顿了一下，重重地叹了口气，补充道：“重塑对我来说太难了。”

“哦，亲爱的，我保证，这对每个人来说都很难，尤其是在开始的时候。”我向她保证。“记住，你才刚刚开始。”然后我让她描述她所做的一个小改变。她花了几分钟才想到一个。

“嗯，就在这个周末，我在想我的前夫，我觉得自己配不上一个更好的人。然后我突然停下，意识到：‘哇！等等！不，不，不！我又回到老路上了’。”

我想飞到电话线的另一头拥抱她。“你做到了，”我尖叫道，“你迈出了重塑思维的第一步。你认识到自己头脑中的一个老旧观念，它就是一个弥天大谎。感觉如何？”

“意识到这一点真的很好。”我几乎能看到她的微笑。

但我感觉到她的微笑随着我接下来的问题消失了。“你为什么对这种洞察不以为然，就因为它很微小？你为什么不明白这是一种进步？”

“我总是怀疑自己。我没有任何信心，”她懊悔地说，“我已经不记得上一次对自己说‘干得好’是什么时候了。”

她巨大的不安全感阻止了正确观念——我值得拥有更好的——在她的大脑里扎根。然而，她的反应我们完全可以理解。我们的大脑倾向于注意消极性，这是自我保护的必要条件。对消极事物的关注是保证我们的祖先生存安全的重要原因，同样的道理，它也能保护我的委托人免受不称职父亲的虐待。

但是，沉湎于消极情绪是一种对大脑的错用，可以称为思维反刍。就像一头反刍的母牛，她不停地“咀嚼”自己没有做的事情和糟糕的感觉。当然，这会引发自我怀疑，进一步强化已经深刻在头脑中的认知。

我感觉到她已经准备好了，问道：“你愿意重新审视你的自我怀疑，让自己开始欣赏自己每一小步的进步吗？如果你不学会欣赏每次自己所做的小改变，那么你只会不断强化‘自己不够好’的旧思维。”

“是的，”她表示。“我正处在这样一个关键时刻，我希望那些旧的观念消失，新的观念开始发挥作用。但这很难。”

“是的，很难。但让我们把事情简化一点，把注意力集中在迈出第一步上。”我给她提出建议。

这也正是我们将要开始的起点——第一步：识别。为了进一步简化，我将这一步骤分为四个阶段：

第一阶段：认真观察但不加任何判断。

第二阶段：带着好奇或鼓励的心态看待自己的行为。

第三阶段：把你的想法与自己区隔开。

第四阶段：明白问题的根源在大脑。

这一过程的要点是让大脑皮层（理性大脑）与边缘系统（情感恐惧中心）分离。我喜欢将这一步视为一个“心理垃圾邮件过滤器”，能够筛选出所有自发的、不想要和不健康的观念，这样你就可以忽略它们。

识别第一阶段：认真观察但不加任何判断

有时候，当我们用评判的眼光看待自己时，会阻碍康复过程，不是吗？

——乔迪·阿曼（JODI AMAN）

美国国家科学基金会宣称，人的脑海中每天大约会浮现50000个想法，很多想法就像你几乎没有注意到的灰尘一样存在。在这些想法中，80%是消极的，95%是重复的。

而这正是我们重塑财富思维的起点——注意到那些浮现的想法，特别是消极和重复的想法。只有当你意识到自己的想法时，你才有能力改变它们。

施瓦茨博士发现，只有当强迫症患者注意到他们的感觉、欲望和冲动时，他们才能够“增强抵抗强迫症带来的顽固思想的能力”。

这就是第一步的第一阶段要求你做的所有事情：注意到自己在想什么、感觉什么和做什么，尤其是感觉不好的时候。

帕特里夏似乎对这么简单的要求感到惊讶。她说：“当恐惧、怀疑或缺乏信心在我的大脑中出现时，我只需要注意到它们？这就是全部我需要做的？”

“是的，这是你要做的第一件事，”我回答，补充了一条规定。“不要对任何事情的好坏进行判断。只需要冷静地注意它就行。”

第一阶段的重点是见证你的内心对话，就好像你是一个公正客观的旁观者，从远处看你自己。也许你还记得电影《安妮·霍尔》中的一幕：黛安·基顿扮演的女主角从她的身体里走出来，观察她与伍迪·艾伦扮演的角色的交往。她只是看着发生的事情。这就是第一阶段要求你做的。记下你的想法和感受就可以了。不要深入研究、批评或分析你所注意到的东西。不要想得太多，也不要自惭形秽。当发生以下任何情况时，只需简单识别出来即可：

- 你感到害怕、沮丧、焦虑、信心不足或不快乐。
- 你在老生常谈："永远都不够。""我总是怀疑自己。""我必须隐藏真实的自己。""我是个有钱的笨蛋。"
- 你在不断重蹈覆辙，比如花钱不看账单、焦虑时狂吃东西、透支账户。
- 你有强烈的负面反应或情绪不安。
- 你在自责或让自己沮丧。
- 根据过去经验，你对自己是否具备改变的能力感到悲观。
- 你在遵从你的"自我"（恐惧之声），因为它总是先说话，大声尖叫，从不闭嘴。
- 你在用一种更加健康的方式作出回应。（承认自己的进步很重要）

识别第二阶段：带着好奇或鼓励的心态看待自己的行为

> 对他人好奇，而不是评估判断。
>
> ——沃尔特·惠特曼（WALT WHITMAN）

当你意识到自己有不舒服或不受欢迎的想法或感觉时，第二阶段要求你用理查德·奥康纳（Richard O'Connor）博士在其著作《重新连线》中所称的“带着怜悯的好奇心”来回应。换句话说，回应时不要自责，而要充满好奇，平和、冷静地对自己说：“这不是很有趣吗？”或“哦，看看我在做什么。”

杰西卡·本斯利（Jessica Bensley）是我的“重塑财富导师计划”的成员之一，我喜欢她对第二阶段的经历的描述。“今天早上在散步时，我听到大脑中的各种想法在‘喋喋不休’。从旁观者的角度观察自己的想法是如此的迷人，”她告诉我。“我意识到我98%的想法都是建立在某种判断上的。这太有趣了。我一定是和平与快乐的爱女，所以才会有这么多的开心！”

当开始注意到自己脑海中的想法，而不是严厉地评判自己时，杰西卡变得兴致盎然。我建议你也这么做。用超然和迷恋的态度——“哦，这不是很有趣吗？”——来认识任何有害的、痛苦的或贬低自己的想法。

或者说，当你发现了一个有益的反应机制，能让自己感觉更好时，要对自己的进步表示热烈祝贺。你越欣赏自己的进步，你将越快地将它连接到你的大脑中。

帕特里夏的故事：第二部分

> 最好的出路就是勇往直前。
>
> ——罗伯特·弗罗斯特（ROBERT FROST）

“我现在知道要正视自己存在的问题，认识到我有问题，”帕特里夏说，“但是怎么处理这些问题带来的所有痛苦、愤怒和伤害？我觉得这是我最薄弱的一环。我自动退回到老路。”她指的是酗酒的父亲的虐待和前夫的嘲讽。

我告诉她，既承认这些问题存在又能保持冷静并不容易。未治愈的痛苦会触发释放压力荷尔蒙的开关，让你的大脑为即将来临的厄运做好准备。但是，试图抑制伤害只会让它变得更强大。

“不要抗拒你的感情，”我敦促她，“只要有可能，无论有多难受，都要保持这种感觉。认识到这是一个治愈的机会，可以最终释放痛苦，而不是像你一直以来那样去压抑痛苦。”

正如神经精神病学家杰弗里·施瓦茨博士所解释的那样：“情感应该被感知并得到建设性的处理，因为它们尊重你的真正需要。”大卫·伊格尔曼（David Eagleman）在他的书《大脑：你的故事》中分享了一个实验，参与者观看了一部悲伤的电影。一半的人被要求正常表达自己的情绪即可。另一半人被要求压抑自己的情绪。之后，他们都得到了一个手部锻炼器，并被告知尽自己最大努力地挤压它。那些压抑情绪的人很快就筋疲力竭了。原因是：情绪压抑会消耗你的精力，让你在其他事情上无能为力。

在这个过程中，你很可能也会产生压抑的情绪。与其把它们“深藏不露”，不如让它们浮出水面。听听那些感觉是怎么说的。当父母、配偶或以前最好的朋友对待你的方式让你不舒服时，允许自己对他们生气。你可以被激怒，受伤，被羞辱，感到悲伤。同样，认识到这些感觉可能会驱使你产生自我否定行为，比如逃避你的经济问题或不信任自己的决定。

你要提醒自己，这是你的“自我”，它发出恐惧的声音，总是先说话，声音最大。它只不过是想通过各种分散注意力的方式来麻痹你的感情。但无论你压制什么，它都会变得更强大。

正如报纸上报道的那样：“研究表明，压抑会激活你负责逃避或战斗反应的大脑部分。从长远来看，压抑会让你更加焦虑，并对你的健康产生有害影响。”

如果你能让这些感觉随风飘逝，不对它们进行任何评判，它们最终会消散，你将拥有人生处世的大智慧。

识别第三阶段：把你的想法与自己区隔开

> 相信你行，相信你不行。总之，无论怎样，你都是对的。
>
> ——亨利·福特（HENRY FORD）

在经历了第一阶段：认真观察但不加任何判断，第二阶段：带着好奇或激励的心态看待自己的行为之后，我希望你开始第三阶段，在你和你的想法之间划清界限。当你注意到自己在想“我不相信自己”的时候，换一种思维方式：“哦，我正在产生一个不相信自己的念头。”或者不要说“我害怕”，试试“我有一个可怕的想法”。同样，与其说“我必须买那些漂亮的靴子”，不如对自己说：“我正在考虑买那些靴子。”

“思想不是真理，”施瓦茨博士写道，“不要对这些想法和感觉做出定性判断——‘这就是我’，而是只将它们视为头脑中存在的事件，而你可以对其进行思考和检验。”这样做是为了在你冲动地按照“自我”的曲解和头脑中的旧模式作出反应之前留一些缓冲，让你有机会意识到自己的问题。这很简单，你只需要坦然承认自己有这么一个想法，但也要意识到你并不是你想法中的样子。这些想法也不是真的。它们是妄图指导你行动的虚构之物，是虚假的叙述、根深蒂固的陈词滥调和老掉牙的思维路径，在你的人生中得到了强化。它们是植入的信念，而不是真正的事实。当你认识到它们是一种灌输性思想的时候，你可以通过拒绝它们来削弱它们。

例如，我的客户乔伊斯·格里格斯（Joyce Griggs）是制药公司的战略专家，在一次艰难的谈判中，她感到喉咙紧缩，自己的要求难以说出口，准备让步。

实际的情况恰恰相反，她告诉我：“我真的在内心与自己对话，我说：‘好吧，让我退后一步，看看正在发生的事。我现在正在产生一个消极的反应。这是一个老办法，它正在发挥自己的威力，我可以尊重它。在过去，这种反应可能对我有好处，但现在不再需要这样了。我需要去重新调整了。’”她深吸了一口气，很快重新做了调整（这是重塑步骤2的内容，我们将在下一章中讨论），然后毫不迟疑地继续谈判。

关于这个观点，我最喜欢的例子也许是我的客户艾米（Amy），她告诉我她是如何将她的恐惧人格化的。“我把恐惧称为我的小战士，把它们想象成需要拥抱的打扮成战士的小男孩。它们一直都存在，但它们不再像以前那样吵闹。”我不得不说，你必须赞扬艾米的创造力，她用想象力完美地处理了这一步的过程。

识别第四阶段：明白问题的根源在大脑

即使大脑告诉你没有希望，希望仍在。

——约翰·格林（JOHN GREEN）

在对强迫症患者进行治疗的时候，一旦患者观察到他们的冲动行为或想法，施瓦茨博士就指导他们“将那些想法和冲动行为归咎于病理性的神经回路”，它们“反映的是大脑的功能紊乱，而不是真正需要它们”。

通过一周的调整，施瓦茨博士说：“患者们报告说疾病不再控制他们，他们不再对强迫症无能为力，而是能有所改变。”

虽然你的神经回路可能不是“病态的”，但它们肯定是有缺陷的，所以才产生了这样的想法——我不配、我什么事情也做不对……根据施瓦茨博士的说法，这些念头只不过是大脑中的有毒废物和你扭曲的“自我”在作祟。

当你在想“该死。我又花了这么多钱”时，试着不再批评自己，而是意识到：“哦，我花了太多的钱，因为这是我大脑的运作方式。我爸爸在压力大时也是这么做的。”

帕特里夏的故事：第三部分

> 选择决定了大脑的一种状态被激活，而不是另一种。
>
> ——杰弗里·施瓦茨

我和帕特里夏再次沟通时，她正为自己的财务状况烦恼，她受够了自己现在的处境。

“我努力工作，把我的生活搁置起来，只是为了获得成功。我应该有更多的钱。我应该走得更远。但钱永远都不够，永远也不会够。”

“每次你说‘我应该……’时，都表明你处在‘自我’控制中，‘自我’充满了谎言。”我警告她，并分享了我的朋友、歌手兼词曲作者雅典娜·伯克（Athena Burke）经常说的话：“‘我应该’背后都是谎言。”帕特里夏喜欢这句话。

我建议和帕特里夏一起看看她的财务状况，找出真相。当她点开每个账户，当里面的确切金额显示出来时，我被震惊了。从账户中可以看出为了积攒财富她是如此勤奋，她的理财非常多样化，当然她的储蓄金额惊人。事实上，她已经有足够的钱享受退休生活了，不过很明显，她还没有意识到。

“你做得很好。”我喊道。

帕特里夏不好意思地承认：“几个月前，我去拜访理财规划师，她也告诉了我同样的事情。她说我做得比别人一点也不差。我做得很好。她打开了我大脑中的一扇窗，让我能看到实际的自己。”

“你为什么又把窗户关上了？”我问。

“你知道，”她若有所思地说。“我从来没有觉得自己拥有的足够多过。我父母就是这么说的。我们拥有的从来都不够多。”

“没错！”我告诉她。“但这不是事实。这是你的大脑中形成的固定思维。你只能看到那些让你确信长期以来坚持的观点——永远不够——正确的东西。但现在你明白了这种信念是从何而来，你需要重塑这种信念，然后你会发现真相到底如何。”

关注积极面

> 你不需要关注那些在你内心制造痛苦的声音，或者让你感觉不那么有能力、聪明或能干的声音。
>
> ——萨纳亚·罗马（SANAYA ROMAN）

到目前为止讲的内容里，我们主要关注当消极情况出现时你如何与自己的内心对话。但你的灵魂深处的温柔耳语也需要被倾听和注意。为了强化那些更可取但现在仍然较弱的思维方式，重要的是要认识到积极的经验和积极的感觉。比如帕特里夏已经形成了简明的认识：她在处理金钱问题上做得很好，或者她意识到自己值得拥有一个更好的男人，而不是一个虐待她的男人。再比如，乔伊斯·格里格斯（Joyce Griggs）来我位于华盛顿汤森港（Port Townsend）的家中，我用一整天指导她进行重塑思维的强化练习。

乔伊斯说："我已经穷途末路了。"她解释说，她刚刚被解雇，她的婚姻正在破裂。尽管对自己未来的担忧让她压力很大，但她显然为自己的未来做了大量工作，她拥有这种智慧并达到了一定的高度。她丝毫没有浪费时间，立即进入了深层次的探讨。我立刻就喜欢上了她。

在一上午紧张的交流之后，我们在当地的一家餐馆吃了午饭，在那里我们可以看到帆船悠闲地从海面驶过，远处是雄伟的奥林匹克山脉。那是一个阳光明媚的好天气。我们都很放松，一点一点地吃着沙拉。"我想成为一个游牧民族。"她突然平静地脱口而出。她惊奇地笑了："我不知道这个想法是从哪里来的。"

乔伊斯本可以简单地将这种想法视为愚蠢的口误而不予理睬，但她选择了关注它，开始刨根问底。我们都觉得这些话直接出自她的灵魂深处，带有一种真理的内核。当我们谈论它时，它开始变得有意义了。她喜欢旅行。她切断了把自己束缚在一个地方的所有因素。她决定保持开放的心态，寻找真正的自己。

就在第二周，她前往得克萨斯州参加一个会议。在参加活动期间，她遇到了许多有趣的人，其中两个人让她印象深刻。

“我和一位公司位于希腊的女士交换了名片，”她后来告诉我。“我注意到我被这个地名吸引住了。”

就在同一天，她遇到了另一个女士。“当我问她住在哪里时，她说，‘我是个游牧民族’。这个回答让我激动得浑身发抖。”

在从得克萨斯州的首府奥斯汀起飞的飞机上，乔伊斯透露说：“我注意到脑袋里有个小声音一直在告诉我：去雅典。我心里想：‘啊？那太疯狂了。你说去雅典是什么意思？’我从来没有去过。我在那里不认识任何人。这毫无意义。”这一次，她同样可以很容易就忽略这个声音，但是却没有。“但我发现自己在两周后预订了去雅典的航班。”她说。乔伊斯抵达雅典后不久，参加了一个瑜伽班，遇到了一位美国妇女，然后她们去喝咖啡。“这个女人告诉我她的故事，讲了她是如何被召唤到雅典的，她从来没有来过这里，但有什么东西推着她来到雅典。我想：‘天哪，她说的就是我。’”

那是一年多以前的事了，从那时起，乔伊斯一直在不停地旅行，开始努力成为制药公司的战略专家。她多次回到希腊。乔伊斯显得很高兴：“我在瑜伽课上遇到的那个女士把我和她所在的整个社区联系了起来。我已经找到了我的‘部族’。我很确定我会在明年左右搬到那里。我的财务顾问现在正在检查我的账户，以判断我的这些想法是否能实现。”

她后来告诉我，她的顾问同意了她的决定，她定下了移居希腊的日期。如果只是坐在我的客厅聊聊天，乔伊斯不可能想出这个计划。现在，她注意到了自己的直觉和对看似偶然事件的积极反应，正如她所说："我只是开始跟着微弱的感觉走，'顺藤摸瓜'而已。"

著名的神经学家迈克尔·梅泽尼奇（Michael M. Merzenich），是加利福尼亚大学旧金山分校名誉教授，曾经说过："我们选择并塑造了我们不断变化的大脑的工作方式。我们选择下一刻我们将成为谁。"

所以，当你翻开新的一页，准备进入步骤2阶段时，想想你想成为谁，想做什么。

第六章　重塑大脑反应机制—步骤2：重构思维方式

> 重构，动词，以不同的方式去搭建框架或表达。
>
> ——《韦氏词典》

什么是重构思维方式?

> 你不能选择世界应该是什么样子，但你可以选择如何看待它。
>
> ——《奇迹课程》

重塑思维的第一步有些被动，只要求你带着好奇的心态、不带判断地观察自己的想法或感觉。然而，到了第二步，就需要一些心理训练。一旦你意识到一个不想要的或消极的想法，你需要重新组织它。重构意味着你要有意识地选择是通过永远恐惧的“自我”的眼睛看待一件事或一种情况，以竭尽所能地保护你，还是通过充满爱的灵魂的视角来看待一件事或一种情况，充满爱的灵魂知道你是安全的，希望你发光。这一选择虽然具有挑战性，但将对生活产生积极的改变。

“重新引导思维的能力，是有史以来为改变而给予你的最强大的工具。”

重塑你的感知，从恐惧到爱，从消极地评判到富有同情心地接受，这就是你真正创造奇迹的方式。简单地说，每次你改变你的思维，从一个更宽容或积极的角度看待某件事，你的世界就会奇迹般地改变。

事实是，你或我的反应从来不是针对当下发生的事情本身，我们所做的反应都是针对我们对它的解释。你的解释不可避免地基于你过去的经验，就像通过后视镜对自己的生活进行导航一样。

神经科学非常清楚地阐述过，你对所看到的世界的理解只是你大脑连接方式的反映。许多物理学家，比如大卫·博姆，都同意：“用不同的方式感知或思考的能力比获得的知识更重要。”

事实上，我们谁也看不到任何事情最本质的真相，看到的只是我们自己立场下的真相。我们以前的经历、错误的知识、不精确的记忆、痛苦的创伤和曲解的观念都会严重“污染”我们看到的真相。我们对之前发生的事情的回忆与真实发生的事情没有多大关系，这些回忆只是我们对所发生事情讲述的“故事”。正如我们在第二章中所了解到的，因果定律表明，任何事情都与你的感受无关，只是你的想法在起作用。

为了重新构架思维方式，你首先需要认识到你有不健康的想法（第1步）。我曾经读过对女演员兼活动家简·方达（Jane Fonda）的采访文章，文章中她描述了自己如何重构了一种坚定的信念。她说：“我一生中的大部分时间都在想‘如果我不完美，没有人会爱我’，后来我意识到，有时候自己觉得足够好就足够。”

她解释，得出这一结论并非易事。事实上，由于科学家们称之为“非注意盲视”的存在，重构可能极具挑战性，需要齐心协力才能完成。我们长期持有的信念在我们的感知上投下了无法穿透的阴影，使我们看不到对于其他人来说显而易见的东西。

你是如何重构的？

> 你改变感知的那一刻，你身体的化学反应也会随之改变。
>
> ——布鲁斯·H. 利普顿博士
>
> （DR. BRUCE H. LIPTON）

很久以前，当饥饿的食肉动物持续威胁着我们时，恐惧推动我们躲避从而生存下来。但是时代变了，恐惧的作用也变了。如今，恐惧不再经常代表你濒临险境，但它仍然发挥着至关重要的作用。《奇迹课程》解释说，恐惧“使人们意识到需要去进行强制纠正”。这意味着，无论何时哪怕你只感到一丝恐惧或有任何不舒服的感觉，不要去本能地退缩，而要将其看成一个很有价值的警告，它在告诉你，你陷入了错误的思想系统——你的“自我”中。是时候重构思维，专注于你的梦想和欲望，而不是在过去悲惨的记忆中“流连忘返”，去选择跟随心灵中充满爱的智慧。

就像步骤1所说的一样，要重构思维方式，你必须暂停对周围事物的判断，不要打上标签。发生的一切都没有好坏之分，没有对错之别，没有积极或消极的区别。所有的一切，无论多么令人沮丧，都是一份成长的礼物，一个值得学习的课程，一条来自精神的信息。事实上，每一次不愉快的经历都是一次重构思维的机会。

重构就是心理学家所说的选择性注意，我把它定义为有意识地选择把注意力集中在一件事上，而忽略其他一切。

杰弗里·施瓦茨博士解释说："注意力这一看似简单的功能在大脑中产生了真实而强大的物理变化。当你的注意力转移时，大脑活动的模式也会改变。"

当这种情况发生时，正如神经科学界所说："不同步的神经元无法连接。"

下面是一幅女士的经典形象，你看到的是老太太还是年轻女士？

下面这幅图中你看见了鸭子还是兔子？

当你盯着每张图片看的时候，注意，你可以选择其中一张，但不能同时看两张，你所看到的形象取决于你所关注的方向。你有能力引导你的思想去选择你要专注于哪一个。也就是说，你可以引导自己在这两幅图片中选择哪一个视觉形象，也可以在令人沮丧的想法中唤起乐观的一面，或者在面对失败的前景时思考成功的可能性。你有自由的意志，或者更具体地说，是施瓦茨博士所说的自由地否定某个事物或观点的权利，思维拥有对大脑命令的否决权。

企业顾问、我的前客户米歇尔·菲利普斯非常尖锐地描述了这一点："我在街上看到一个流浪汉，对自己说：'有人穷困潦倒到要去流浪是可能发生的情况。'然后我看到一座漂亮的豪宅，说：'有人富有到有广厦万间也是可能的。'任何事情都有可能，对吧？看到什么取决于自己关注什么。"

心理学家瑞克·汉森（Rick Hanson）在《佛陀的大脑：幸福、爱与智慧的实用神经科学》一书中写道："加强对注意力的控制可能是塑造大脑的唯一最有力的方法。"事实上，神经可塑性，即我们改变大脑的能力，如果没有集中注意力的能力是不可能实现的。重构是一种人人都有的超级力量，但很少有人真正认识到或付诸实施。

无论你把注意力放在哪里，在一段时间内不断地在这个方向上努力，大概率都会成为现实。念念不忘，必有回响，就是这个道理吧。在大脑前端的理性脑会自动过滤掉任何你不注意的东西。重构思维方式是变革的基石，是创造奇迹的基础。

有两种方法可以重新引导你的注意力：显性重构的方法就是改变你眼睛关注的东西，隐性重构的方法是在你的头脑内部用不同的想法或感觉替换原有的想法或感觉。

显性重构

> 我们终成我们所见之物。
>
> ——迪安·布朗（DEAN BROWN）

我的客户艾玛创办了一项业务，虽然广受欢迎，但从未盈利。她对自己的工作如此热情，渴望迅速拓展业务规模，以至于忽略了关注收支情况。在支出开始超过收入后，她做的不是削减成本，而是最大限度地增加贷款，引入投资者，结果就是形成了巨额债务。

当她加入我的"重塑财富导师计划"时，她将自己的业务转变为提供企业咨询服务。她解释说，这要有利可图得多，“但每一分钱都将用于偿还债务”。我能听到她声音中的痛苦。

“我需要知道如何才能赚更多的钱。”她恳求道，急切地想知道如何增加收入，以便偿还债务。但我想让她慢下来，帮她重新调整思维。我怀疑，如果不从意识上有所改变，不管她挣多少钱，她都会继续处在经济不稳定的状态之中，就像她父亲一样，虽然赚很多钱，但花得更多。

“我已经做了很多工作去解决自己的问题。我接受了11年的治疗，”她说，“我知道在处理金钱的问题上，我一直在走我父亲的老路。我担心自己无法摆脱这种模式。”

“让我们掀开笼罩在你心灵上的盖布，看看恐惧之下是什么，好吗？”我给了她一个建议，然后问了她一个她没想到的问题。“如果你很富有，你会怎么样？那会是什么感受？你觉得这样好吗？”她的“家庭作业”是回答这些问题。

等到我们再一次预约见面时，她说：“在过去的两周里，我一直在重复这句‘咒语’：我是一个富有的女人。它带来了很多东西。我产生了很多感受，我只是细细体会这些感受，寻找自己内心深处的答案。”

她对发生的事情感到惊讶，真的很震惊。“我看到一个孤独的老妇人，身形干瘪，精疲力竭，穿着貂皮大衣，一个人开着豪车。这样的一个人让我感觉恶心。”

“这不是很有趣吗？”我说。“现在你明白你为什么在重复父亲的老路了吗？”

“我总是把金钱看成对自己的禁锢和限制。我做了一些糟糕的决定。现在我觉得自己像个失败者。”

“你不是个失败者，”我向她解释，“你很久以前形成了一种无意识的思维，你的行为就会在这种思维的指导下进行，以至于种种行为都受到无形的限制。如果你拥有的比你需要的更多，会让你感到孤独和痛苦。大脑只会让你去做和看到那些能证实它已有的观念的事物。让我们重塑大脑思维模式，好吗？”

“好的！”她喊道。“我想让富有成为一种基础状态，让我能充分享受这种状态。”

她的“家庭作业”是想办法重塑她的信仰。她通过开诚布公来重新构架自己的观念，或者有意地寻找一些更具吸引力的例子来让自己明白这个道理。

“我开始寻找一些富有的女性的例子，我发现了一些活力四射、活跃在社区中、看上去永远不会筋疲力尽的女性。我对自己说：‘这就是富有女性的样子。’你知道，这很有效。我有意识地把自己想象成这些成功女性。”

当她通过这种显性重构的方法，刻意寻找与她最初设想相反的榜样，来重塑自己头脑中关于富有女性的形象时，接下来发生的事情就相当令人惊讶了。她开始在工作中看到一些她以前没有注意到的事情：从她长期合作的簿记员那里收到的账单是如此离谱，多年来她支付的金额居然完全相同，还有她以前从未想过要质疑的费用竟然如此高昂。她其实可以轻松还清信用贷款，节省数百美元的利息，但直到现在她才想到这一点。她知道自己需要做什么。她的注意力自动从对限制和孤独的恐惧转移到对承担责任的兴奋上。

隐性重构

> 我可以选择改变所有伤害我的想法。
>
> ——《奇迹课程》

我们在上一章讲到帕特里夏，当时她担心自己拥有的不够多。即使在我们审查了她的财务状况，指出她在财务上的积累已经相当充分（一位金融专业人士告诉了她同样的结论），她自己却无法认清这个事实，无法平息她的恐慌。显然，从已知的事实看，显性的重构对她不起作用。

“帕特里夏，”我坚定地对她说，“我们都知道你的大脑只会看到匮乏。但我希望你看看这些数字。我希望你能认识自己的真实状况。这不是匮乏，甚至不是接近足够，而是已经相当足够了。”

她花了一些时间研究这些数字，你可能会被她接下来说的话打倒。“我只是听到一个微小的声音对我说：‘姑娘，你总算搞定了。’”她无法通过有形的证据来对思维进行显性重构，但在隐性重构上她做得很好，她懂得用欣赏的视角来重新塑造那些令人担忧的想法。

我顺着她的意思，直接带她进到了步骤2。“太好了，帕特里夏。现在轮到你来选择，”我说，“你要听哪个声音的话？受惊的小小的‘自我’坚持说你拥有的还不足够多；安静但充满爱的灵魂给你一个大大的击掌，说‘女孩，你已经准备得足够好了’。二者你想选哪一个？你是想继续保持原来的观念而让自己一直处在巨大的压力之下，还是让自己明白自己拥有的已经足够，你为这种富足满心欢喜？”

在她回答之前，我温柔地问她有什么感觉。

“我听到内心在笑，”她叽叽喳喳地说，“我感觉到自信。我认识到我可以选择如何思考。我知道我有能力改变。我有能力重塑大脑的思考方式。当旧思维出现时，我可以重新引导它们。当我发现自己陷入螺旋式下降时，我可以说：‘等等，我有一个选择。我可以做得很好’。”

帕特里夏给我们提供了一个极好的例子，即使她无法理智地处理自己做得很好的事，她仍然通过开发内在的智慧完成了隐性重构。

当你为了获得更多财富重塑思维时，最后的结果不仅仅是你的财务状况变好，其他方面也都会因此受益。你会发现，你变得如此强大。我对**强大女人的定义是：一个知道她是谁，知道她想要什么，并对全世界毫无拘束地表达出来的人**。当你完全掌握自己的力量时，你会发现真正的自我隐藏在错误的思维方式下。

重构思维方式七大技巧

> 我们看不到世界的本来面目，我们看到的世界只是我们头脑中存在的世界。
>
> ——阿奈伊丝·宁（ANAÏS NIN）

正如我所说，重构思维并不容易。有时候，尽管你努力尝试了，但你似乎无法改变你的观点。杰弗里·施瓦茨创造了一个术语——“大脑锁”，用来描述“我们充满冲动的大脑”何时阻止我们进入下一个想法或感觉。诚然，某些本能的渴望、感觉或冲动，比如让人无法自拔的肆意挥霍或类似自卑的感觉，似乎无法停止。实际上，我们已经对这些想法在大脑中释放的神经递质或化学物质上瘾了。因此，我们不得不重复那些无益的行为，来阻止让我们上瘾的化学物质的减少。但这种解脱是短暂的。有时，特别是如果这种行为已经成为一种慢性模式，唯一成功的解决办法是使用像眼动疗法这样的专业治疗方法，或债务人匿名组织的12步变革计划法来进行干预。

下面是我从客户那里和根据我自己的经验总结的七种技巧，它们可能会在你苦苦挣扎需要重构思维时有所帮助。

重塑行动

我的重构计划

写下你在上一章中认识到的一个消极的想法、感觉或行为，你想要对它进行再造重构：

____

____

当你学习下面这七种重构思维方式技巧时，记下那些在

重塑行动

你脑海中迸出能够重构消极思想、感觉或行为的想法。

____

____

____

1.从感恩中发现力量

对你所拥有的要心存感激，你最终会拥有更多。如果你只看到自己没有拥有的，你永远都不会满足。

——奥普拉（OPRAH）

我永远不会忘记，多年前，我深陷一次突如其来的羞辱之中难以自拔，对于扭转这种感觉却无能为力。当时，我刚刚给一大群女性进行了一次我认为精彩无比的讲话。令我惊讶的是，活动负责人冲到我跟前，针对我对一位观众提问的回答一通批评。我真的觉得她反应过度了，当时把她的话当成耳旁风，抛到了九霄云外。

但当晚我一爬上床，活动负责人的批评就像一记重拳，击穿了我的五脏六腑，让我陷入了羞愧的黑洞中。我感到恶心不适，肯定每个人都认为我是个骗子。我的痛苦，就像眼罩一样，阻碍了我以不同的方式看待事物。我无法重新调整这种可怕的感觉。这种情况持续了几个小时。然后，突然，我的三个女儿的形象出现在我的脑海里。我知道一个人不可能同时既感到爱，又有恐惧，我故意把注意力转移到我对女儿们的深切的爱和感激上。我一直努力保持着这种感激之情，直到我的心慢慢打开，一种平静的感觉笼罩着我，轻轻地消除了羞耻感。我睡着了。第二天早上，那个批评我的负责人拥抱了我一下，并感谢我做了一件了不起的事。你能想象我当时的心情了吧，去找到感恩的力量吧！

2. 多用同情心

> 无论什么给你带来了痛苦，都要去看看是否能以其为师。
>
> ——《奇迹课程》

在与帕蒂·法根（Patti Fagan）的第一次辅导课上，我深受触动，她是一位成功的理财教练，但是有一个可怕的童年。她的母亲怀孕了，却不知道孩子的父亲是谁。

“我从中得到的信息是我不应该在这个世上。我妈妈为我感到羞耻。所以，我从小内心就充满了因各种问题产生的羞耻感，包括信用卡债务也让我感到巨大的羞耻。”

帕蒂加入我们的重塑思维计划时，她已经没有了债务，经济上可以高枕无忧，她把这归功于多年的治疗。但她渴望扭转自己对被拒绝的极度恐惧。她回忆道：“我意识到我有太多的时候去让自己感觉被拒绝了，我对妈妈的记忆让我不断地回忆起来这种感觉。”。

我告诉她，当她感到羞耻和被拒绝时要有意识地留意。当她观察自己的感受时，她意识到自己携带了多少悲伤和痛苦的包袱。“我告诉过你，我有一个‘苦难学’的‘博士学位’，你说：不，你有一个‘克服逆境学’的‘博士学位’。然后我说：‘哦，是的，是这样的。正是它让我成为我自己，成为值得骄傲的人。’”帕蒂兴奋地对我说。

就在那一刻，帕蒂意识到，如果感觉不受欢迎是被灌输进去的，那么这种感觉也能够被清除出去。“我知道这是一个如此重要的信息，我不能对此一直被动。”因此，每次她想到被拒绝，她都会站在同情母亲的角度，对自己的思维方式进行重构。

“我逐渐认识到，我母亲代表了代际关系失调的一类人。她五岁时母亲就把她抛弃了。她从来没有享受到母亲的养育之爱。这让我对她非常同情，我意识到孤独成长的过程造就了现在的她。”

然后帕蒂发现了自己身上值得同情的地方。

帕蒂回忆道：“有几位治疗师对我说过，他们很惊讶我居然不是吸毒的瘾君子。我觉得这是上天的恩典，我没有走上那条路。我没有试图用不正确的方式减缓自己的痛苦，去苛责自己。我只是有一种治愈的动力。我觉得是上天选择了我，让我成为一个渴望寻求更好方式解决痛苦的人。”

我喜欢她重塑自己的过去时用的一种说法：上天选择了我。“拒绝不再是我的生活主调，”她解释道。“现在我经常的想法是：‘我被选中了’。”

后来我因为要写这本书采访她时，她重塑的思维已经深入骨髓。“现在的我和以前的我的区别是，我不相信我现在会被拒绝。就好比你今天无法说服我，让我觉得自己会被拒绝。”

3. 从提问中找答案

> 至少我可以决定我不喜欢现在的感觉。我想用另一种方式来看待这种感觉。也许有另一种方式来看待它吧？
>
> ——《奇迹课程》

问自己一些有针对性的问题可以帮助你转移注意力。尝试以下简单问题：

- 我喜欢什么样的感觉？
- 看待问题更友善、更温和的方式是怎么样的？
- 我可以将注意力集中在哪些让我更快乐的事情上？
- 我想在大脑中构建什么样的思维体系？
- 为什么我不用一个更有爱的想法来取代这个想法？
- 我是否希望自己能保持平静而不是愤怒/沮丧？

每当我在重构思维系统上遇到困难时，我都会重复从《奇迹课程》中学到的方法，那就是用虔诚的心态告诉自己：“最重要的是，我怎样用不同的方式看待这个问题？”我总是和客户分享这个方法。

霍莉·戈塞特（Holly Gossett）是一位精神问题领域的探索者，她还负责打扫房屋，包括我的。看到她在经济问题上如此一窍不通，我很伤心，所以我邀请她参加我的“重塑财富导师计划”。她诚心诚意地接受了，开始如饥似渴地学习。

正当我在写这一章时，霍莉冲进了我的办公室。

“我们找到了一所新房子。它比现在的房子大得多，光线充足。非常完美。”她热情地说，然后很快安静下来。“问题是房租是现在的两倍。昨晚，我躺在床上，身体紧绷。我被‘我们负担不起’的感觉紧紧束缚住，一动也不能动。我感觉自己像是得了恐慌症。我知道恐惧让我看不清问题的本质。”

她试图冷静下来，但无济于事，直到后来她想起特意问自己：“我怎么才能用不同的方式看待这个问题？”恐惧并没有马上平息，但她从思想上显然开始寻找解决办法。她突然清醒了。“哦，天哪，”她意识到，“我现在有足够的储蓄来承担多出来的房租。”

在她加入我的项目之前，霍莉从来没有积蓄。“这是我第一次了解到富富有余是一种什么感觉。我以前从未有过这种感觉。钱总是源源不断地流入，但我从不为了某种目的去积累金钱。”她、她的丈夫和他们的女儿现在在宽敞的新房子里幸福地生活着。

4. 学会放松

> 充足的休息可以带来意想不到的突破。
>
> ——拉塞尔·埃里克·多布达
>
> （RUSSELL ERIC DOBDA）

我的另一位客户米歇尔·菲利普斯是一位精力充沛、积极乐观的高级教练、企业培训师和作家，她承认：“有时我可以毫不费力地重新调整自己糟糕的感觉，但有时我就是做不到。”她告诉我，当她遇到困难时，“我必须中断这方面的思绪，做一些不同的事情，抚慰自己，直到我感觉好一点”。她会在画册上涂色，写日记，骑自行车，或者去游泳。

“当我放松调整后，再回到这件事上就比较容易选择一种不同的思维模式来处理。”

米歇尔给了我一个例子。她最近和丈夫、朋友一起参加了一次精彩绝伦的欧洲自行车之旅。他们到达目的地后没几天，她的丈夫出了事故，需要乘飞机回家。这是一次长途飞行，丈夫升到头等舱，而她是在经济舱。

“本来我感觉很好，我坐在经济舱很开心，什么事情也不担心。后来，我走到头等舱去看他，当我看到他的座位如此宽敞，餐饮如此丰富美味时，我感觉要气炸了。

“我怒气冲冲地回到座位上，我在想：‘哦，天哪，米歇尔，这个可怜的家伙腿受伤了。他曾努力想让我也升舱到头等舱，但没有座位了。’我当时想，看看我，我现在就适合被绑在这个狭小的座位上。”

她给自己讲了几句打气的话：“好吧，米歇尔，你可以选择气得跺脚，也可以选择跳过这件事。”她拿出日记，开始写些东西。

她说，慢慢地，她的愤怒消失了，她能够去重新认识自己的问题了。“我意识到我有多么可笑。我以前从未出现这种情况。现在我意识到这些干扰对我来说是能让我喘口气调整一下的机会，回过头再来看它们，然后选择一种不同的方式来看待。”

5.重新认识投射在他人身上的自己

你会把自己的想法投射到别人身上，让自己相信他们是这样的人。通过深刻认识你投射到别人身上的认知你就能了解你是什么样的人。

——《奇迹课程》

你来到这个世界上时是一个纯洁无邪的人。如果你不信的话，那就去看一眼你婴儿时的照片吧。然而，随着时间的推移，你会知道你的哪些方面是人们能容忍的，哪些方面是人们不能容忍的。你相信，人们不能容忍的方面会让你变得不招人喜欢和不受人尊重，这些令人无法容忍的方面一旦被人们知道，他们马上会变得憎恨或拒绝接受你。所以，你拒绝承认自己身上那些令人无法容忍的部分，把它们深藏在你的潜意识里，假装它们不是你的一部分。

你没有意识到的是，这些方面必须以某种方式得到表达，因此你会无意识地将这些被压抑的部分投射到其他人、组织上，从而让你摆脱它们。结果就是，尽管你极其害怕看到自己身上那些令人不能容忍的东西，但你仍然会不断地在“外面”的事物上发现它们。

为了打破对自己的失望，你需要发现从某个人或某种情况中折射出的自己身上的不足之处，你需要用爱和接受包容这种不足，需要付诸行动去改进它。

我在房间里放了几张我小时候蹒跚学步时的照片。我称之为我的“真理之坛”。我特别喜欢的一张照片是我两岁左右，坐在镜子前的小椅子上。当时，我俯身亲吻镜中的自己。当我对自己感到沮丧时，照片中那个漂亮的孩子能让我更容易无条件地爱自己，就像我现在这样。

你投射出去的不仅包括你不喜欢自己的地方，还包括你认为强大、讨人喜爱、引人称赞的所有天赋。你会在别人身上发现它们，产生嫉妒、钦佩或向往的感觉。**每个人都是你的镜子**。正如我在我的第一本书中所写的，“白马王子”只是你拒绝承认的自己强大而有担当的一面的投影。当你不再把自己的不足或优点投射在其他事物上，而是转而去客观认识它们时，你就会明白自己究竟是谁。

黛比·福特（Debbie Ford）在其力作《追光者的黑暗面》（*the Dark Side of the Light Chassers*）中写道：“我们最讨厌、最害怕或最羞耻的品质是那些掌握着我们梦想生活关键的品质。”

当你接受并拥有你曾经认为不可接受的所有品质时，你会在这些曾经的阴影背后发现巨大的天赋、力量。这不是为了让你“完美”，而是发现不足的闪光面，让其为你所用。

6. 牢记自己的目标

> 谨慎选择自己的目标，选定后要练习让自己全身心聚焦在目标上，使它成为你生活中的指路明灯。
>
> ——罗杰·德拉诺·辛金斯
>
> （ROGER DELANO HINKINS）

你阅读本书是因为某个原因，对吧？有些事你“真的”很想做到——事实上，你在前言中写下了这件事，在第三章和第四章中也写下了。现在，回过头再读一遍你写下的内容。专注于你的目标会刺激大脑寻找机会去实现它。特别是如果你的目标对你很重要，如果你相信实现它会百分百地改善你的生活，你可以把你的目标作为重塑思维的一个准则和动力。

否则，正如屡获殊荣的大脑可塑性研究领域的先驱迈克尔·梅泽尼奇博士在其著作《软连线》中写的：“如果这对你来说无关紧要，如果你不用必须成功，那么你的大脑不会有太大的改变。”

尽管在经过几次眼动疗法的治疗后，我身体内的“自我”明显平静下来，但在写本书的时候，它仍然经常会刺耳地告诉我我写得一塌糊涂。我不再像过去那样把它的话重重放在心上，而是通过对其的冷静回应来重塑自我：“谢谢你的分享，但我不会接受你的观点。因为一塌糊涂的草稿并不意味着我是一个一塌糊涂的作家。我相信我的灵魂深处激励我写这本书，因为总会有那么一位女性需要这本书，她能够从中有所收获、得到帮助。”当我讨厌的“自我”继续它的长篇大论时，我把注意力转移到某个人的生活会因为我的书而大大改善上，“自我”的声音越来越小。

7. 用祈祷的方式获得相信自己的力量

> 祈祷不是为了影响祈祷的对象，而是改变祷告者的本性。
>
> ——索伦·克尔凯郭尔（SOREN KIERKEGAARD）

向你的上级寻求帮助总是一个好主意。但下面我想和你们分享一篇我挂在办公室里的特别祷文。它被称为另一个"宁静祷文[①]"，我一直不知道它的作者是谁，直到我在一篇博客文章中引用了这个祈祷，南加州一位写出很多鼓舞人心文字的作家埃莉诺·布朗（Eleanor Brownn）通过电子邮件告诉我，那篇祷文是她写的。我非常感谢她。重复祷文里的这些话，有时大声地重复，总是让我放松下来，打开我的心扉，让我重新开始。下面是祷文，你可以尝试念诵它，帮自己放松、清醒：

老天，请赐予我平静，
让我不再因为做事不完美而责骂自己；
赐予我勇气，让我能原谅自己，
因为我正在努力做得更好；
赐予我智慧，
让我知道全世界的人都像我一样爱我了。

---

① 宁静祷文是最早由神学家尼布尔开始的无名祈祷文，用来帮助人们获得平静的情绪，后来被称为宁静祷文。

第七章　重塑大脑反应机制—步骤3：采取不同的应对方式

“反应”，动词，作出回应的意思；“不同地”，副词，以不同的方式做某事。

——《韦氏词典》

宝藏常常藏在可怕的“洞穴”

世上本无路，路由人走出。

——安东尼奥·马查多（ANTONIO MACHADO）

著名的研究神话学的作家约瑟夫·坎贝尔曾经说过：“**你害怕进入的洞穴中蕴藏着你所寻找的宝藏。**”每当我努力去实现那些深深渴望的目标时，这些话给了我无穷的力量。我现在已经完全明白，我“真正”想要的东西常常藏在一个黑暗可怕的“山洞”中。

我记得，在一次静修活动中有一个女人抱怨说：“我总是因为恐惧而停下。”

“你这就是谨小慎微。”我告诉她。诚然，第三步“采取不同的应对方式”并不适合畏畏缩缩的人，即使是号称自己大胆无畏、心胸开阔的人也可能会被这一步中的一些做法吓倒。

几年前，我聘请了一位备受尊敬但收费高昂的商务教练——阿里·布朗（Ali Brown），请他帮助我提升业务。我的收入一直稳定在六位数。我准备把它提高到七位数。她鼓励我提高我的静修训练班的收费，她给出的收费标准甚至都让我觉得不舒服。我以前多次提价，甚至写过关于这方面的书。我亲自指导过成千上万的女性也这么做。然而，当我听从教练的建议提价后，我的焦虑爆表。我心里充满了恐惧，老觉得我会因为做了不该做的事情而受到惩罚，也会幻想没有人愿意再上我的课，我的事业一落千丈，我自己感到羞愧难当。当然，现实是两者都没有发生。这一年通过做我深爱的工作，我获得了难以置信的盈利。然而，即使是对我这样一个专业人士来说，让收入水平再上一个台阶也意味着进入一个陌生的“洞穴”，这无疑是可怕的。

大胆走进未知的“洞穴”，挖掘出其中可能存在的宝藏，就是第三步“采取不同的应对方式”要求你做的事。这可能是三个步骤中最具挑战性的一个。正如杰弗里·施瓦茨所指出的那样：“每当你与因循守旧的思想做斗争时，你必须花费大量的精力，付出巨大的努力来重组大脑思考路径，以保证自己做出不同的选择。”

拒绝因循守旧最终会帮你破除大脑中不想要的思维方式。第三步就像一个爆破球，直接对准你大脑中旧有的神经反应路径。有一个例子可以让你更好地理解这一点：《绿野仙踪》中，在一个危急时刻，桃乐丝将水泼到了邪恶的女巫身上，女巫突然尖叫："我融化了！我融化了！"第三步就是打败你身上那些不好思维习惯的"水"。

尽管用与以往不同的思路作出反应会让你感到忐忑不安，但随着更健康的神经回路的形成，"邪恶"的神经回路会渐渐淡去。不过，如果这个过程能像吃饭喝水一样简单就好了。

第三步是一种反抗行动。旧的思维方式对你有强烈的吸引力，你的"自我"也在残忍地鼓吹，说你软弱无力，难以改变自己，那就不要自讨没趣了。第三步要做的就是对这些进行强力反抗。当你尝试采取不同的应对方式时，你就要做好准备，因为你走上了一条"风险自负"的道路。

当你走进看上去险恶无比的洞穴寻找宝藏时，我能想象你的"自我"就像画家爱德华·蒙克（Edward Munch）画作《呐喊》中的不祥人物——恐惧地睁大了眼睛，双手抱住脸，好像在绝望地警告你前方的危险——拒绝、反对、失败。天哪！任何试图进入这一步的人都会听到震耳欲聋的尖叫："不！不要这样做！事情不会顺利的！结果会很糟糕！你会后悔的！"

超越自我前的两步准备

> 我们无法改变我们拒绝面对的东西。
>
> ——佚名

我在以前的书中已经写过这一步，称之为超越自我。我从对非常成功的女性的采访中了解到，她们愿意突破自己的舒适区，去做看似不可能的事情，这是她们在财务和职业上取得巨大成功的主要因素。

我经常问收入较低的人："你最后一次做你害怕做的事情是什么时候？"他们会使劲挠头，去努力回忆起一个例子。当我问高收入者同样的问题时，他们笑着说："一直如此，这是一种生活方式。"我甚至开玩笑地将他们的观点总结为"高收入者宣言"："如果一件事情不违法或不是不道德的，就可以做。"

事实上，几年前在一次谈话之后，我抓起一张纸，用红色蜡笔写下："**做你害怕的事，你才会成功**。"我把它装裱起来，放在我的办公桌上，直到今天它还在那里。现在来看，我想我需要再补充一点：不要忘了重构思维方式。

当我回顾这些采访时，我回忆起这些勇敢自信的女性最初是如何与恐惧、自我怀疑、自己是一个骗子的感觉作斗争的，她们并没有因此而停下脚步。她们激励我也这么做。现在让我震惊的是，很多人在职业生涯取得辉煌成就很久之后仍然觉得自己是个骗子。

我记得屡获殊荣的作家玛雅·安杰洛（Maya Angelou）说过："我写了11本书，但是每一次，我都感觉人们就要看穿我了。我像在玩一个欺骗大众的游戏，真实的那个我很快就要被找出来了。"

从神经科学的角度，我找到了一个可能的解释，解释为什么冒名顶替综合症[①]在女性中流行，即使是最成功的女性也有这个问题。尽管她们取得了瞩目的成就，但这些女性的旧观念却从未改变。她们没有从思想上对自己的成功有正确的认识，只是在身体上强迫自己去获得成功。因为她们没有改变她们的思维方式，她们的大脑仍然只看到过去。她们设定的自我形象与取得的成功不匹配。她们的老旧思维模式仍然支配着现在对事物的感知。

不管是为了成功地重塑财富思维，还是为了获得幸福或其他任何事情，在你专注于改变你的行为之前，你必须深挖产生这种行为的原因——你的思想和信念。

在尝试去采取不同的应对方式（第3步）前，不去进行识别（第1步）和重构思维方式（第2步），无异于不锻炼身体就妄图在马拉松中取得好成绩。你能跑多远是很值得怀疑的。即使你开着车完成这个过程，你也难以在旅途中发现快乐，更多的是感到不舒服。重塑大脑反应机制的前两个步骤提供了成功彻底完成这一转变过程所需的心理训练。

为了说明这一步是如何实现的，我会用一个女人的故事来让大

---

① 冒名顶替综合症（Impostor Syndrome），意思是由于自我怀疑和缺乏自信而感觉自己像个冒牌货。因为缺乏自尊自信，我们害怕别人会发现我们能力不够，或者我们认为自己根本就是无能，是一个“冒名顶替者”，只是在欺骗每个人。这个概念来源于有研究者发现，在接受他们采访的那些成功成年人中，有33%的人感觉自己的成功不是理所应得的，很难对成功保持自信，这意味着有这种问题的人会选择放弃重要的职业机遇，从而对他们的财务和个人带来不利影响。

家理解。她在面对有时会使人虚弱的恐惧和焦虑时做出了不同的反应。你将从她那里学到一系列有用的技巧来控制你的焦虑，最终你会品尝到通过努力结出的甜美果实。我想起了在我最喜欢的一本书《同步性》中，约瑟夫·贾沃斯基（Joseph Jaworski）说的我们必须做的事情：**“了解自己想要的东西，然后有勇气去做需要做的事情。”**对我来说，这句话巧妙地概括了第三步的精神。

特蕾西的故事：克服焦虑和培养勇气的七个秘诀

> 我不会用过去的认知来作为现在前进的指引。
>
> ——《奇迹课程》

特蕾西·本森（Tracy Benson）是一位口齿伶俐、精明能干的女商人，却一直在无意中破坏着自己创办的咨询公司。本来她的公司应该迅猛发展，利润倍增，突然却陷入巨额债务危机中。当积累的债务达到六位数时，她终于不再熟视无睹，想出一个还清债务的计划。经过数年的努力，特蕾西的公司终于从风雨飘摇中稳定下来，但是一段时间后，同样的事情再次发生。

在特蕾西加入我的“重塑财富导师计划”的那个月，她发现原来自己患有莱姆病，这是一种由蜱虫传播的使人衰弱的疾病，可能会导致神经系统损害。她已经忍受了五年多疾病缠身的痛苦，让她感到非常自豪的是，没有人知道她生病了，朋友、家人、同事和客户都不知道。

我怀疑特蕾西喜欢对某些问题保密和屡次负债累累之间存在某种联系。我们都知道，无论在金钱问题上发生了什么，都会影响到生活的其他领域。

“你为什么忽视你的症状，把它们保密这么久？”我问。

“在我的家庭里，”她实事求是地回答，“人们总是期望我表现得独立、坚强、能够处理任何事情、照顾其他人。我绝对不能有任何表现脆弱的时候。如果我说实话，我会被骂成自私。”

我告诉她：“这是我们必须消除的思维窠臼，‘不要表现真实的自己’‘我在经济上遇到困难了’‘我确实生病了’‘说出你的真实情况是危险的’等等，这些思想都要不得。”

当特蕾西把我说的这些串联起来放到自己身上时，她看到了她不喜欢的一些东西。她意识到：“在我成功的巅峰时期，为了照顾团队我做了一些愚蠢的事情，却让自己陷入债务泥沼。我们的客户，像通用电气这样的大公司，有90天的付款期限。但在我与员工、承包商签订了合同里，我要在30天内付款给他们。”

为了弥补资金缺口，她不得不通过银行信用贷款来填上窟窿。“我在照顾别人时，却是在自杀。”

她停顿了一下，仿佛在仔细琢磨这一新的认识。“当你处于那些毫无意义的思维模式中时，你可能会因为陷得太深，以至于你意识不到其实它们毫无意义。”

在认识到自己的大脑是如何运作的之后，特蕾西将改变自己处境的行动看作一个练习采用不同应对方式的绝佳机会。

秘诀1：深呼吸让自己平静下来

“保持深呼吸。”当客户将脚步迈向一个陌生领域时，我这样指导他们。

深呼吸（和打哈欠）能减少压力，向大脑输送氧气，激活使人镇静的副交感神经系统，增加多巴胺（一种影响快乐和动机的神经递质）。**当你的焦虑减轻时，你会发现你的勇气增加了。**

“我知道下一步是找到走出藏身之地的勇气。”特蕾西深吸一口气说道。

秘诀2：抛开一切，先动起来

尽管听上去有悖常理，但在你找不到任何明显的危险迹象时，抛开恐惧直接采取行动。这会让你紧绷的神经放松下来，逻辑大脑重新投入运作，帮助你做出更有利的决定。从另一面说就是，逃避会激活边缘系统中寻找恐惧的神经，让你身陷恐惧，加剧焦虑。

尽管还是顾虑重重，但是特蕾西开始尝试把自己的病情告诉朋友、客户。她试探性地在脸书上分享了自己的故事，后来就变成迫不及待去分享了。

秘诀3：积极地自我交流

有一天，特蕾西发现自己对一位同事很“暴躁”。这一次，她没有自欺欺人去逃避或试图掩饰自己的感受，而是骄傲地承认自己的问题。“我的情绪很糟糕。”特蕾西说。“事实上，这让我笑了，因为我看到我没有躲藏起来，这让我感觉非常自由。”

一项研究表明，你对自己说的话可以改变你看待自己的方式。当你处于恐惧的阵痛中时，重要的是要像一位慈爱的父母或一位鼓励你的朋友那样对自己说：“你能做到，你会很棒的。”在你采取行动之后，不管结果如何，都要祝贺自己：“你做到了。你不再逃避了。我为你感到骄傲。”

秘诀4：化愤怒为动力

特蕾西一直被误诊了五年，医学界对莱姆病知之甚少，这让特蕾西感到愤怒。“我真的很生气，这是多么大的误解，”她愤怒地补充道，“医生一直在告诉我，我的脑子有问题，却不知道我其实已经患上莱姆病。”特蕾西将严重的疾病转化为促使自己采取行动的力量，没有让疾病从内到外一点点蚕食自己。**压抑的愤怒是有害的，会使人停滞不前，而表达出来的愤怒会让人奋勇抗争。**

正如特蕾西欣然承认的那样：“在过去，我给人们留下了自己不可战胜的形象，我的挫折让我摆脱了这个桎梏，不再隐藏真实的自己，大胆讲述自己的故事，并为他人树立了榜样。”

秘诀5：找到行动的意义

特蕾西开设了一个博客，在里面讨论如何应对自己的症状，并在社交媒体上发表了关于莱姆病的文章。

“我在语言上很有天赋。我能向人们清楚地解释那些晦涩艰深的事情。”“交流专家”特蕾西说。“有一股力量在驱动我，让我为那些可能遭受痛苦的人提供他们需要的信息，让其他人知道他们的真实情况。”

特蕾西强烈希望帮助他人度过困难时期，这一直是她人生的目标，这种愿望战胜了继续躲藏起来的冲动。想要摆脱悲惨的处境成为她的动力，推动她穿越恐惧，从痛苦中寻找人生的意义。

秘诀6：经常提醒自己：恐惧的另一面是力量

人们往往容易把注意力集中在采取不同的应对是多么可怕以及所有可能因此发生的坏的结果上。如果你把重点放在采取不同的应对可能得到回报上会怎么样呢？特蕾西在加入一个女性商业团体时做了最大的突破，在一个由完全陌生的人参加的小型在线聚会上，她是第一个自愿接受人们30分钟提问的人。

特蕾西告诉我：“如果我真的想展示真实的自己，这是一个好机会。这是一次意义非凡的经历。”

特蕾西实实在在从中得到了回报。特蕾西说：“我明白了，把自己暴露出来，多为自己考虑，这样做可能带来的风险并不像我想象的那样严重。我一直觉得，如果我把自己虚弱的一面公之于众，会失去所有人的认可。但是，当30分钟的游戏结束时，主持人说如果愿意任何人都可以判处我‘死刑’（这个游戏规则是人们根据提问和回答对参加的人进行审判），结果没有人判处我‘死刑’。我们又继续讨论了10分钟。我感到自己充满了力量。”

秘诀7：不因未做而抱憾

研究表明，人们临终前最大的遗憾不是他们做了什么，而是他们没有做什么。如果没有其他原因，就让自己做出与众不同的应对，不要浪费自己的天赋，让自己抱憾而逝。克里斯·克里斯托弗森（Kris Kristoferson）是我最喜欢的乡村音乐歌手之一，他写的一首曲子里有这样一句歌词：**“我宁愿为我做的事后悔，也不愿因为我没有做而遗憾。**”这是一句非常有用的“咒语”。

在我们继续之前，我希望你做一做下面的练习。你会发现它在帮助你消除恐惧上大有裨益。

重塑行动

回顾曾经的风险

挑战回忆你过去所冒的某个风险，它带来了积极的结果，你为此感到特别自豪。

哪次冒险让你引以为傲：

____

你为实现风险目标做了：

____

重塑行动

现在回顾一下你当时的经历，深挖一些更具体的问题。

你为什么这么做：

____

是什么帮助你成功的：

____

遇到了什么阻碍：

____

你是如何克服恐惧和阻碍的：

____

你有没有发现害怕去做比实际去做更糟糕？之后你觉得自己更自信、更强大了吗？你如何将这次冒险的收获应用到当前需要你进行改变的挑战中？

____

____

我真的在重构大脑反应机制吗？

任何控制恐惧的尝试都是徒劳的。真正能制服恐惧的唯有爱。

——《奇迹课程》

下面的内容是一个测试，能告诉你是否已经真正将上面三个步骤内化于心，而不仅仅是外化于行。你会感觉自己不是自己，就好像看着镜子中的自己说："这个人是谁？"你会发现自己在想："这不是我。"你身体内的某个自己会咬牙切齿地想回到"正常"状态。

乔・迪斯派尼兹（Joe Dispenza）在《改变的历程》一书中写道："当我们感觉不到原来的自己时，我们就知道自己正在改变。"

是的，你会很想回到熟悉的世界。但是你越是重复这些新的反应方式，它就会变得越容易，你就会感觉这样做越正常。当你在这一过程中陷入困境时，会发生什么？比如当你似乎无法有效识别问题、无法重新构架思维方式、无法采用不同的应对方式时，或者无论你多么努力，你都感到旧的神经回路在顽固地抵抗，拒绝放弃控制你时，会发生什么？

答案在第三部分——硬核工具——中。在接下来的三章中，你将得到一套"硬核工具"，并附有具体说明，这些工具能帮你坚持下去，抵挡旧有思维模式的死灰复燃。这些"硬核工具"包括：

1.**思维阻力分析**。告诉你如何走那条阻力最大的道路（第八章）。

2.**抚愈"内在小孩"**。告诉你如何治愈内心受伤的"孩子"，正是她导演了你现在悲惨的生活（第九章）。

3.**重复**。告诉你如何不断重复新的行为直到形成习惯（第十章）。

第三部分 ▶▷

硬核工具

勇气就是虽然怕得要死，但仍驭马前征。

——约翰·韦恩（JOHN WAYNE）

第八章　硬核工具1：思维阻力分析

> 我们大多数人都有两种生活。一种是我们实际的生活，另一种是我们内心想过上的生活。两者之间存在着阻力。
>
> ——史蒂文·普雷斯菲尔德（STEVEN PRESSFIELD）

不，现在不要！

> 改变从来都不是痛苦的，只有对改变的抵制才是令人痛苦的。
>
> ——佛陀

你应该有过下面这种感觉：你想要做出一个巨大的改变，去用不同的方式做事。比如说，你决定摆脱债务，开始积累财富。于是，你开始安排与信贷顾问会面，下载安排预算的应用程序，注册金融课程，买了关于投资的书。准备大干一场。突然，你遇到了阻力，行动的脚步戛然而止。

阻力可能是你头脑中的一个声音，内心的一种感觉，或者只是一种下意识的反应，但传递到你大脑里的信息是明确无误的：我不想这样做！你不能强迫我！结果是，你忘记了与信贷顾问的会面，忽略了安排预算应用程序，对投资的书失去了兴趣，虽然在坐着上课，但一句也没有听进脑袋里。最终你放弃了尝试。

我不禁想起几年前我看到的一幅漫画：一个人在尽情享受了肉欲之欢后，伸开双臂站在那里，凝视着天堂，祈祷道："请赐予我贞节与自制，但不是现在。"

这就是阻力的感觉。你说你想创造财富，这是真的，但是……好吧，也许不是现在。这种感觉对某些人来说可能比其他人更为强烈。但毫无疑问，任何人在与过去做斗争时，都会遇到一定程度的阻力。

我总是把致富比作减肥。我们都知道如何减肥——少吃多运动，很简单，对吧？然而，有一个市值上万亿的美食行业在诱惑着你。财富积累也是如此。你只需要做三件事：少花钱、多储蓄和明智投资。但是，就像节食一样，尽管坚定地希望这样做，但是人们似乎无法坚持下来。

当你走出你的舒适区，开始打破现在、追求未来时，阻力就会出现。从现在到未来的过程非常不舒服，充斥着紧张的氛围。在你身上已经深深扎根的信念与刚刚萌生的追求未来的欲望产生了激烈冲突。

你害怕得瑟瑟发抖的"自我"正拼命把你带回原来的舒适区，同时，根深蒂固的旧思维模式在"勇敢地"为自己的生存而战。毕竟，重塑思维过程的第三步——采取不同的应对方式——对现有的认知模式就像剧毒一样。每次你做出不同的应对时，都是在孕育和强化新的思维模式，同时也在为旧的思维模式敲响丧钟。

作为一名教练，我面临的最大挑战是让客户克服阻力，消解抗拒心理。在这一过程完成之前，他们既无法接受学习，也不愿意改变。然而，我很少在金融课程或相关书籍中看到这个话题。现在，我来填上这个空白。

何为阻力？

> 唉，我的胸膛里存在两个灵魂，每个灵魂都不断抗争想控制我。
>
> ——约翰·沃尔夫冈·冯·歌德
>
> （JOHANN WOLFGANG VON GOETHE）

有一个关于两只毛毛虫的故事。两只毛毛虫看着头顶上的一只蝴蝶。其中一只抬起头，眼中充满了渴望。另一个哼了一声："我永远也不想变成那个样子。"就像那些毛毛虫一样，阻力是对内部冲突的心理反应。一个你想要飞翔（你的灵魂），另一个你（"自我"）却不想飞翔。或者更科学地说，你的理性大脑，即大脑皮层，与位于边缘系统的杏仁核或恐惧中枢一直在不停斗争。只要它们不停交换信息，你就无法逃过阻力，这是一个令人绝望的僵局。

心理学家用"认知失调"这个术语来描述同时持有两种相互冲

突的信念的现象。这种内部冲突会引起巨大的焦虑，促使你陷入令人厌烦的防御状态，如否认、压制或消极攻击行为。除非你深刻了解这种心理状况，否则其影响可能会令人不安和起伏不定。

认知失调也解释了为什么流行的精神原则并不总是有效。最近有很多关于吸引定律的讨论，按照吸引定律，通过感觉正面情绪、积极思考和专注于期望的结果，你把想要的任何东西吸引到你的生活中。通俗来说就是，当你把思想集中在某一领域的时候，跟这个领域相关的人、事、物就会被吸引而来。而我们很少提到的是身心合一法则，它说的是你要得到你想要的，而不是你要求的。你怎么知道你想要什么？看看你吸引了什么。

“你要求什么，你就得到什么。这指的是你在内心的企求，而不是你在祈祷时说出来的要求。”《奇迹课程》解释道。你可能会说你想要财富，但如果你相信金钱是万恶之源，或者富人贪婪，或者如果你拥有更多，其他人就会拥有得少，那么财富并不是你真正想要的。你真正想要的是保持安全，被人喜欢，被视为一个好人。

训练你的大脑重新塑造思维模式的一个重要部分是辨别你的“自我”所说的你想要的东西和你的灵魂深处真正、真诚、深刻渴望的东西，然后在两者之间做出有意识的选择。**阻力分析工作本质上是解决冲突**。

米歇尔·菲利普斯是一位在经济上很成功的企业培训师、作家，也是我们很早就认识的一位高管教练。她加入了我的课程，当时她搬到了纽约城外的南汉普顿一个非常时髦、富有的社区。被过度富有的氛围包围着，让她感到十分不自在。当她开始描述“所有那些有钱的人”时，我立即打断了她的话。

“你为什么说得好像有两个不同的群体——有钱人和你？”

我显然触到了她的痛处。“等等！”她说，有点吃惊。“我正在根据我的思维模式、我的旧信念体系把自己与周围的人分离开。不是吗？”

米歇尔认为自己在新环境中是一个局外人，因为她父母对富人持消极态度。她头脑里的贫穷意识与她目前的现实相冲突：她和丈夫经济上都很富裕，可以说他们与贫穷八竿子也打不着。

“我偏离了正轨，”她承认。“现在我需要重新改造我的想法。现实生活中的我与我认为的自己不符，但我可以改变我的旧思维。我可以重塑思维。”她做到了。后来我和她谈话时，她告诉我：“我已经交了很多好朋友，在这里我感到就像在自己家一样自由自在。”

关于阻力的真相

> 产生阻力是改变的第一步。
>
> ——路易斯·海伊（LOUISE HAY）

我想让你记住的是，产生阻力并不是坏事，也不意味着有什么不对。产生阻力是对变化的正常、自然、不可避免的反应。事实上，产生阻力是好现象。它显示你正在重新塑造思维，是一个积极信号。

阻力不是一种问题，它是某种更深层次的东西的反映。让我们花一点时间来剖析这种可以预见的对变革的反对声音。所有的阻力都来自恐惧。所有恐惧的核心是一种信念。每个信念的根源都来自你所做的判断。通常，在早期做出的判断与实际无关，很少是真实的，并且隐藏在你的意识深处。然而，就像一个看不见的木偶演员拉动你身上的线，这些无意识的判断将控制你的行为，直到你拉开帷幕，揭露真相。

所以，让我们做一个名为“深挖阻力之源”的练习，帮助你了解那些你认为正确的无意识判断。记住，必须首先看清它们才能重新塑造它们。

重塑行动

深挖阻力之源

用脑海中出现的第一个答案来完成下列句子。不用检查，也不要考虑所谓“正确”的答案。凭第一反应来作答，快速完成它。

1. 我父亲觉得投资是__________________________。
2. 我母亲觉得投资是__________________________。
3. 在我的家庭里，金钱会导致____________________。
4. 我对金钱的最早记忆是______________________。

重塑行动

5. 富人是________________。

6. 我对投资最大的恐惧是________________。

7. 我希望有更多的钱，但是________________。

8. 我的朋友觉得财富是________________。

9. 投资等于________________。

10. 我很想变得富有，但是________________。

填完这些问题你感觉如何？是否有发现新认识的惊喜？你有没有发现任何可能影响你现在对投资或积累财富的认识的东西？在下面的空白处快速记下你的发现。如果回答这些问题对你毫无触动，那也没关系。那只说明你的大脑正在处理这些信息。你可能在午夜或是开车上班的时候，突然产生了新想法，这种情况很常见。

____

____

十三个遇到阻力的迹象

所有的变化，即使是最令人期待的变化，都有令人惆怅的一面。我们抛在脑后的一切仍如影随形；只有终结此生，我们才得以进入下一个轮回。

——阿纳托尔·法郎士（ANATOLE FRANCE）

你怎么知道自己遇到阻力？很明显，每当你感到被卡住，无法前进时，你就会知道自己遇到阻力了。但要注意的是，阻力可能相当狡猾，很难被发现，你也很容易把它当成其他问题。

以下是13种最常见的你遇到阻力的迹象：

1. 你太忙了。（“我没有时间。”）

2. 你开始拖延。（“我以后再做。”）

3. 你害怕而不敢行动。（“但是，如果……怎么办？”）

4. 你推诿，不去做决定。（“你来做，由你决定。”）

5. 你失去了兴趣。（“这很无聊，这不是我的事。”）

6. 你变得健忘。（“哦，我本想去的，但我忘了。”）

7. 你变得丢三落四。（“我把那个放哪儿了？”）

8. 你开始昏昏沉沉，不断走神。（“你在说什么？”）

9. 你觉得瘫痪了。（“我就是无法思考或行动。”）

10. 你总为不行动找到各种借口。（“我不能，因为……”）

11. 你变得不耐烦。（“这花的时间太长了。”）

12. 你一直在上课，但没有任何改变。（“哦，看，我要报名参加另一个研讨会……”）

13. 你经常遇到唱反调的人。（其他人经常说：“你不能那样做。”或“那是不可能的。”你在把自己的恐惧投射到别人身上。）

你可以把这个列表放在随手可得的地方，方便随时对照检查。当你出现这13个问题中的任何一个或几个时，你就知道自己遇到了阻力。但是，请放心，如果你知道如何应对阻力，阻力不会阻止你，至少不会阻止你很长时间。一旦你发现了阻力，你就可以通过运用下面这四个消除阻力的步骤来消灭它。

消除阻力的四个步骤

> 任何改变，哪怕是往好的方面改变，总伴随着缺憾和不适。
>
> ——阿诺德·贝内特（ARONLD BENNETT）

当阻力袭来时，可能你会狠狠地吓唬自己，想方设法阻断前进的道路，或者逃避问题，放弃希望，这些都是很正常的反应。从长远来看，这些都没有帮助。**你越忽视什么，它就越强大；你越抗拒什么，它就存在得越持久；你越恨什么，你就会变成什么。**相反，当你意识到自己显露出任何抵触迹象时，提醒自己，这是一个积极的迹象，预示着你正在进入重塑思维的过程。你可以通过以下四个步骤来应对出现的阻力：

1. 探索研究，对遇到的阻力给予尊重。
2. 反思过去，找出冲突。
3. 通过完成一些小的、可行的任务，循序渐进地向前推进。
4. 寻求外部支持。

重塑行动

我在什么地方遇到了阻力？

在我们讨论如何应对阻力之前，在下面的空白处写下你现在生活中遇到阻力的地方。不一定是在钱的问题上遇到阻力，可以是关于任何事情的。

现在的生活中你在什么地方遇到了阻力？

____

____

____

现在你知道你要面对的阻力是什么了，是时候去学习一下怎样来解决这些阻力了。

第一步：探索研究，对遇到的阻力给予尊重

> 遇到阻力的地方就是你应该去学习的地方。
>
> ——乔恩·戈登（JON GORDON）

在第二次离婚几年后，我偶然发现了消解阻力的第一阶段——探索并尊重阻力。当时，我准备去见我认为的“完美男人”，但是最后我发现那个被我吸引的男人并不符合我对“完美男人”的要求。为了解决自己在两性关系上的苦恼，我请了一个两性关系顾问。每

次课后，她都会给我布置家庭作业，但是我从来没有做过。

在我们最后一次课上，我突然但坚定地说出了这样一句话："看，詹妮斯（我的两性关系顾问），我遇到了阻力。我会一直抵抗，直到我不再有阻力为止。"

我挂断了电话，感觉好极了。通过尊重事实来正视阻力，实际上是一种解脱。我没有回避任何事情。恰恰相反，我把拒绝做家庭作业看作一个机会，利用这个机会，通过遇到的阻力我可以知道自己的恐惧、信念和早年的判断是如何影响现在的我的。利用下面的练习，我进行了深刻的反省，充分了解了阻力的根源。

重塑行动

关于阻力的调查

你可以通过提问自己以下问题来探索你遇到的阻力的根源：

我害怕什么？ ______

我为什么害怕？ ______

我的阻力反映了什么观念？ ______

在这个观念下，我做了什么判断？ ______

我过去的经历是怎样激起我的反抗的？ ______

待在原地我能获得什么回报？ ______

通过回答上面的问题，我发现我对男人怀有一种强烈的愤怒。

我形成了一个观念：单身比恋爱更安全，更没有痛苦。对于愤怒是我在两性关系上遇到阻力的根源我并不惊讶。根据我的经验，女性一般都有大量未表达的愤怒，尽管很少有人意识到这一点。我相信隐藏的愤怒（以及未治愈的创伤）也许是我们取得财富成就的最大障碍。我几乎在我指导的每一位女性身上都看到了这一点。这些年来，我在自己身上发现了同样的结论。我们大多数人都不喜欢生气，因为它给我们的感觉不太好。生气让我们看上去没有女人味，不是“优雅”的表现，让我们看上去很可怕。长久以来，我们被教育要压抑愤怒，害怕如果我们揭开封藏愤怒的瓶盖，哪怕只是揭开一条细小的缝隙，我们的愤怒都可能突然如火山般爆发，把我们淹没在滚烫的熔岩中。

事实是，愤怒是一种自然的人类情感。及时表达情绪有利于保持健康，过多压抑情绪会带来毒害。

正如佛陀指出的那样：“执怒就像握了一把要丢向他人的热煤块，被烫伤的人反而是你。”

压抑情绪需要很大的精力。压抑的愤怒会阻塞你的思维，耗尽你的创造力，像一块沉重的水泥砖一样压得你喘不过气来。释放愤怒能够让你重获自由，并刺激你采取恰当的行动。

在下定决心去疗愈自己后，我做了一个过去做过的练习——写一封“愤怒之信”。我经常让自己的客户写“愤怒之信”。正如一位女士在写完后告诉我的那样：“起初，这很可怕。我感到非常愤怒，但我也感到了一种前所未有的解脱。”

我在写完信后不久就遇到了我现在的丈夫，我确信这绝非巧合。

重塑行动

愤怒之信

如果你怀疑自己可能有隐藏起来的愤怒之情，我邀请你写一封表达愤怒的信。这封信也许是给你的父母或者你的前夫，也许是给你自己。你需要手写，而不是用电脑打字写出。信的开头是："亲爱的××，我对你很生气……（你也可以用自己感觉合适的其他词语）"。要让你自己沉浸其中，释放你的愤怒、沮丧。把你想说的都写上去。

接下来，把信折叠起来，放到一边，但是不要超过三天。

然后把它拿出来重读一遍。你有什么要补充的吗？如果有，补充上去。重复这个过程，直到你感觉想说的都写上去了。

当你最终写完后，安排一个仪式，烧掉这封信。当它燃烧时，对你的愤怒说："谢谢你，你曾经为我服务过。我不再需要你。现在，我放了你，你自由了，我也自由了。"

为了了解是否已经充分地排解了你的愤怒，在写完愤怒之信后，你可以写一封感谢信，感谢那些令你愤怒的经历让你成为一个令人不可思议的女人。如果你找不到那些经历带给你的任何好处，说明你还有更多的愤怒要释放。

重塑行动

如果你已经做了一些发泄愤怒的练习，但你还在生气，该怎么办呢？问问自己：我一直愤怒能得到什么好处？为什么我不想让它过去？相信我，愤怒不消失是因为它能给你带来一些好处，让你感觉良好。通常，愤怒让你感觉自己强硬有力、无懈可击或自己能当家作主，但其实这些都是虚幻的。这些所谓的好处与你不再愤怒后所感受到的轻松相比根本算不上什么。

第二步：反思过去，找出冲突

如果一直纠结于现在自己的表现，我将永远无法成长为我能成为的那个光辉闪耀的自己。我需要练习温柔放手的艺术。——山姆·基恩（SAM KEEN）

梅丽莎（Melissa）是一名医学编辑，她报名参加了培训，希望能帮助自己增加储蓄，学习投资技巧，找到一份新的职业。当第二次从债务危机中脱身出来的时候，她发誓："这再也不会发生了。"

然而，她却不愿意面对自己的财务报表（"我担心自己看到什么不好的数字"），也拒绝去尝试了解另一种职业（"我不可能做新的事情，我知道的还不够"）。她的拖延让我们深感沮丧。

"我感觉自己就像一只爪子被吊着的猫。"她生动地描述了阻力是多么令人恼火。

“你觉得小时候的生活怎么样？”我问她，希望找出她内心的矛盾根源。抗拒通常预示着一个人早年受到的熏陶和真实自我之间存在不一致。

“我的父母经常嘲笑我，”她回忆道，“他们说我的想法愚蠢、可笑。我总是感到紧张、焦虑、恐惧。我总有一种生不如死的感觉。”

当梅丽莎回忆过去时，她有了一个惊人的发现：“我刚刚意识到，由于我在成长过程中遭受的种种嘲笑，我非常害怕犯错误。”她清楚地意识到，小时候被灌输的信息与她的灵魂深处真正的欲望产生了剧烈冲突，发生了“惊天大战”。梅丽莎，像许多有着难以改善的财务问题的聪明女性一样，迫切需要从父母那里独立出来，保持自己的个性。

当一个孩子从她的原生家庭中独立出来时，就进入了独立化的发展阶段。许多成年人特别是女性，一直没有完成这个阶段。独立化要求你从培养自己的环境中吸取有益的营养，摒弃不利的糟粕，从塞进来的各种信息中仔细区分哪些是真实的。这意味着你要找到放下那些不再适合你的东西的力量，这些东西阻碍了你成为真正的自己。

如果年轻时没有很好地完成独立化进程，其后果可能在今后以一种莫名其妙的拒绝前进的方式呈现出来，这不仅可能出现在经济方面，也可能体现在生活的其他领域。

梅丽莎以一个看似简单但其实相当痛苦的行为开始了独立化的

过程——她在脸书上与家人解除了好友关系。

“与我的家人分隔开是非常困难的一件事。我感到如此孤独，感觉自己是一个孤儿。我心中好像有一个孩子一直在渴望从未得到过的爱。”

“这正是独立化的感觉，”我向她保证，“这很令人悲伤。你需要这种悲伤，但最终得到的是解脱。”

对梅丽莎来说，摆脱家庭的束缚是一个转折点。在自己与家人之间设定明确界限增强了她的信心，激发了她改变的动机，并明显减少了她的阻力。

我开始给梅丽莎布置一些小任务。

第三步：通过完成一些小的、可行的任务，循序渐进地向前推进

思维改进带来的好处是逐渐增加的，不可能跳跃式增加。

——亚历克斯·哈钦森（ALEX HUTCHINSON）

如果你曾经在健身房锻炼过，你就知道，锻炼肌肉需要通过逐渐增加重量来进行，不可能一口吃个胖子。这就是所谓的抗阻力训练。你不会一开始卧推的时候就用一个100千克的杠铃。你会先从2千克、5千克开始，慢慢地增加重量。实现财富积累也是如此。你可以从简单的事开始，比如粗略浏览财经杂志或网站。慢慢地，你增加难度，比如阅读一整篇财经文章或者上一堂在线

理财课。

我让梅丽莎记录她的消费情况，她起初很抵触，对可能发现的问题感到恐惧。“我们的目标不是消除恐惧，因为你不可能消除它，”我告诉她，“我们的目标是**哪怕万分恐惧，我们也要不顾一切地行动**。”

她开始记下她买的所有东西。“这让人大开眼界，”她大声说，“我发现自己很抗拒，但我知道我必须这么做。尤其在圣诞节期间这么做真的很难，但我做到了。我本来想给客户买一些礼物，后来改为自己烤饼干送给他们。”

当完成另一项任务——记录每月的开支和收入时，她感到非常惊喜。她的脸上带着宽慰的泪水，说道：“我做得很好。这么长时间以来我都负债累累。我的家人也是同样的情况。我从来没想过自己能做到现在这样——无债一身轻。”

当我问她自己觉得为什么会成功时，她回答说：“我知道了，微小的增量加起来会带来质的变化，积沙成塔，每天的小小改变比你想象的要更强大。这是坚持的力量。”

在这个过程中，梅丽莎坠入爱河。“我的清单上列出来的都是关于鲍勃的项目，他是我的全部。”

这带给了我一个解决她的工作问题的灵感。“你为什么不把你在职业生涯中想要的一切都列出来，就像你对男朋友做的那样？”我给她安排了一个练习——“职业发现器”，多年前，当还是一名职业咨询师时我很多时候都用到这项练习。

重塑行动

职业发现器

拿一张纸，把它分成三列。

接下来，将你的年龄进行三等分，每段的起止时间作为一列的标题。如果你30岁，第一列是1~10岁，第二列是11~20岁，第三列是21~30岁。

然后回想你在每个时期所取得的成就，那时你感觉自己强大、重要、技术娴熟、能力突出。

再回想一下成功的经历，包括那些进展得非常顺利的事，让你感到非常自豪的事，让你非常开心的事。可以是学习系鞋带，可以是赢得帆船比赛，也可以是写了一个让人哄堂大笑的绝妙故事。

在每个年龄段下至少找到三次成功经历，并将它们写在对应的栏中。描写完每次的经历后要留出足够大的空白。

然后，在取得的每项成就旁边，用几句话描述你所做的事情、使用的技能、显露出的兴趣点、周围的环境因素。

你从中发现什么规律了吗？要特别注意去发现给你带来最大快乐的是什么，你做得非常好而且特别喜欢做甚至有时你觉得做好它是理所当然的事情的是什么。

记下你的发现。

当梅丽莎描述那些最难忘和最令她快乐的成就时，我们找出了其中共性的地方：深深地感动人；鼓舞他人；做一个好的倾听者；情感上诚实；能给那些容易受伤的人创造安全空间。当我告诉她，种种迹象表明她适合心理治疗或辅导工作时，梅丽莎欣喜若狂。

“在过去的20年里，我一直想成为一名心理治疗师，”她惊呼道，“现在是实现这个梦想的时候了。”

第四步：寻求外部支持

> 我们不是孤独地去自己疗愈伤痛，而是在一个群体中治愈自己。
>
> ——S.凯利·哈雷尔（S. KELLEY HARRELL）

“我一直都知道我想和心理学方面的人一起工作。”梅丽莎回忆道，她承认自己没有勇气去做这件事。当她开始寻求支持时，一切都改变了。

“你给了我很多鼓励，鼓励我去探索辅导师的工作。鲍勃一直都非常支持我。我的治疗师也给了我积极的反馈，他很喜欢我当一个辅导师的想法，我的朋友也一样。”

支持对女性尤其重要。我们是以关系为导向的，这一点上要远远超过男性。我们需要我们信任的人支持我们，鼓励我们承担责任，当遇到困难时能推我们一把，或者当我们最终取得成功时与我们击掌庆贺。对于重塑思维方式以及去争取成功来说，并不意味着也不应该是一次单打独斗的旅程，尤其是当你陷入困境中，遇到不希望的处境时，外部支持变得尤为重要。

我还让梅丽莎联系她的财务顾问，了解自己的经济状况。起初她很不情愿。但在联系过财务顾问后，她突然意识到，随着自己完成这些事情，最初令人恐惧的事情逐渐变得不那么可怕，实际上是开始变得令人愉快。

“我的财务顾问太激动了，我给他打了电话，”她回复道，“他帮我在他们的网站上建立了信息档案。我们将深入分析我的资金。我知道我现在需要挣多少钱才能在退休的时候攒够100万美元。这个目标感觉很可行。”

梅丽莎现在激情澎湃。“我算出了我的净资产。它比我想象的要高。我开始使用财经网站，上课学习股票知识。”

这是我们的最后一次谈话。两年后，当我为写本书采访她时，梅丽莎遇到的阻力已经是遥远的记忆了。她告诉我，她已经和男友同居，在脸书上与家人重新成为好友，并准备成为一名持证上岗的心理辅导师。

至于财务方面，梅丽莎说：“我已经不记得上次我是什么时候想到‘天哪，只要这么一个小小的失误，我就成了街上的流浪女郎了’。这些想法再也不会出现了。”她喊道：“我必须大胆伸出手去触摸那个‘怪物’——金钱。在我的顾问的帮助下，我越能正视金钱，就越容易打败它。我一直和顾问沟通，随时了解自己的经济状况，现在我能够轻松面对这一切了。”

下面的练习将让你快速了解自己能获得的支持。大多数女性觉得这个练习很有启发性，常常能意识到在她们努力实现财务上的自我效能感时缺少的就是他人的支持。

重塑行动

神圣财富圈

下面这个圆圈是你的神圣财富圈。在圈内，列出你可以与之谈论财富积累和个人成长的人的名字。在圈外，列出你生活中那些对这个话题不感兴趣或可能对你的努力不赞成的人的名字。

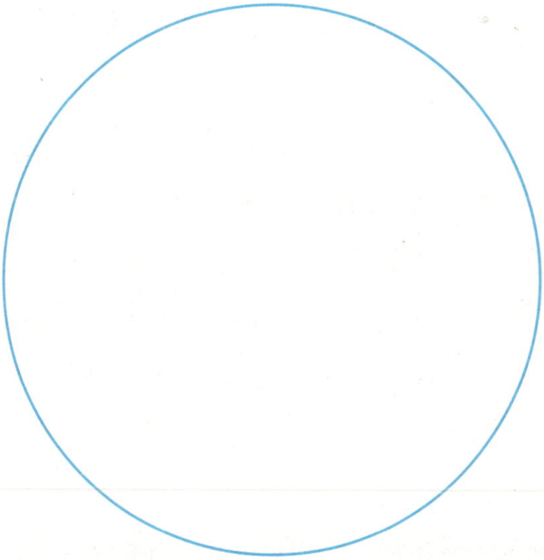

重塑行动

你看到了什么？圈外的名字比圈里的多吗？你想把更多人加入圈中吗？再多的支持也不多。

但是，你必须慎重对待这个神圣财富圈的界限。不是谁都能随便进到圈中，不要让任何不尊重或不认可你的努力的人进来。悲观主义者、反对者也不能进到其中。否则，在这类人的干扰下，你会很容易屈服于旧的僵化思维，重蹈覆辙。

找到支持的方法有很多。

找一个小团队。参加一个课程，加入一个现成的金融小团队或者自己组织一个，比如说，一个读书俱乐部，一个学习小组，一个投资俱乐部。埃默里大学的研究人员发现，如果一个女性能够与其他女性合作去实现自己的财务目标，那么她们大脑中的快乐和奖励中心就会变得更积极。

找一个搭档。定期与朋友、同学、同事或家人联系，分享你完成或没完成的工作，告诉他们你下一步要做什么。有一次，在一次重塑思维课程中，一位女士说自己刚刚开始使用一款名为YNAB的预算软件，需要一些帮助。课程中的另一位女士也是使用该软件的新手，她立即说："我很想成为你的伙伴，一起研究这个软件。"两人交换了电子邮件地址，商量好每周互相联系，汇报进展，提出问题，并提出建议。

寻求专业人士的帮助。在我对成功女性的研究中，资产净值最高的女性不一定是赚（或继承）最多钱的人，但她们每个人至少在某个领域都与专家团队合作，如投资顾问、簿记员、会计师和房地产代理人等。

找个导师。无论何时，只要你遇到一个在财务上很有见识的人，就拜他为师吧。我在努力提升自己时就是这样做的，它起到了很好的效果。我没有直接要求他们做我的导师，但我会说："如果我对投资有任何疑问，我可以问你吗？"或者我会邀请他们喝杯咖啡，聊聊投资的事。我发现大多数人都渴望分享他们的知识，并且很高兴他们帮助了我。

救命！我陷入了无法逃脱的困境

> 真正的阻力始于人们面对痛苦，想做点什么来改变它时。
>
> ——贝尔·胡克斯（Bell Hooks）

如果无论你做什么，你都感觉被困在一个看不到出口的无尽迷宫中，那该怎么办？遇到持续的、顽固的阻力通常表明，那些未被解决的痛苦正在把你压垮，你需要得到及时治疗。在下一章中你会找到治疗办法，学习到另一种硬核工具——抚愈"内在小孩"，它是一种瓦解长久存在的阻力的有效解毒剂。

第九章　硬核工具2：抚愈“内在小孩”

> 如果不能治愈过去的创伤，你将继续血流不止。
>
> ——伊拉娜·范赞特（IYLANA VANZANT）

每个人都有一个“内在小孩”

> 我们往往忽视每个人心中都有孩子的一面。
>
> ——伊丽莎白·库伯勒·罗斯（ELISABETH KüBLER-ROSS）

当你照镜子时，你会看到一个成年女人在盯着自己，对吗？而你在镜子里看不到的是，你的身体里也住着一个充满活力的小女孩。这个小女孩的需求可能在成长过程中没有得到很好地满足；可能被用一种不易察觉的方式虐待、遗弃、拒绝、带来精神创伤、羞辱。而这个小女孩很可能就是你一直不断遇到阻力的原因。她很害怕，她需要关注。但是，你却一直忽视她。

心理学家兼作家斯蒂芬·戴蒙德（Stephen A. Diamond）在

《今日心理学》中写道：“内在小孩是存在的，当然不是物理意义上的存在，而是隐喻性意义上存在，是一种心理学或现象学上的事物，一种具有强大力量的概念。”

然而，他解释说，很少有人意识到他的“内在小孩”承受的痛苦、创伤、恐惧和愤怒。

戴蒙德博士解释说，大多数成年人认为他们已经成功地长大，已经把这个“孩子”和他身上承载的情感负担抛诸脑后。但这与事实相去甚远。事实上，这些所谓的长大的人或成年人一直在不知不觉中受到这个无意识的“内在小孩”的影响或秘密控制。

“内在小孩”的存在——许多人认为是卡尔·荣格（Carl Jung）引入这个术语——是有科学意义的。在七岁前，当你最易受外界事物影响的时候，令你紧张、带来压迫的经历深深地印在你正在发育的大脑上，不可磨灭。无论你是在极度贫困的环境中长大，还是生活在饱受战争蹂躏的国家或严格的宗教信仰下，还是受到同龄人的欺负或老师的轻视，生命早期应激（Early life stress，简称ELS）[①]都会导致皮质醇不断释放，对你的大脑发育产生不利影响。

---

① 生命早期应激（ELS）是指人类在成年前遭遇的各种负面生活事件，按发生时间分为两类：第一类是发生在出生前的应激，即在母亲妊娠期间所经历的躯体虐待和精神刺激；第二类为发生在出生后的应激，如儿童早年经历的父母丧失、父母离异，或者虽然父母均在，但经历性、身体上的虐待及情感上的忽视等。研究发现，ELS可诱发人类成年后出现多种精神疾病，如重性抑郁症、焦虑症、创伤后应激障碍、人格障碍及精神分裂症等。

“成熟大脑的功能在人的一生中不断发展，但绝大多数关键的结构和功能组织发生在儿童时期。”得克萨斯州休斯敦儿童创伤学院的精神病学家、作家兼高级研究员布鲁斯·D.佩里（Bruce D. Perry）解释道，“简单地说，孩子身上能反映出他们成长的世界。如果外面的世界充满了威胁、混乱、不确定性、恐惧和创伤，那么人们的大脑就会反映出来。”

主持人奥普拉·温弗瑞（Oprah Winfrey）在美国新闻杂志节目《60分钟》中撕心裂肺地呼喊道，我们正面临“二十一世纪童年时代创伤的大流行”。

她在采访佩里博士时表示：“如果你小时候受到了精心照料，生长环境温馨有爱，你的大脑思维更有可能发育正常。”

佩里表示认同：“正确。”他补充道。“一个在混乱环境中长大的孩子，会有不同的思维方式。通常，他们在工作、生活中发挥自己的作用时会遇到困难，使他们变得更加脆弱。”

ELS的存在非常广泛，我们几乎随处可见。作为家庭关系领域的领军人物之一，约翰·布拉德肖（John Bradshaw）说：“我相信，这个被忽视、受伤的‘内在小孩’是人类痛苦的主要根源。”

我完全同意上面的观点。可能你想知道为什么我在一本关于财富积累的书中用了整整一章来论述这方面的问题，那是因为，根据我的经验，原本聪明、理性的成年人在经济上的混乱通常是受伤的“内在小孩”的行为导致的。

《奇迹课程》解释说，我们不要因为我们所想的原因而沮丧。

让我们焦虑的不是当前的困难。这些困难触发往日的记忆，撕开旧伤疤，把我们拉回以前的时代。课程建议我们，每当你感到沮丧时，提醒自己：“我看到的只是过去。”

有一个很好的比喻常用来说明这个问题。想象一下，你的“内在小孩”坐在汽车后座上，系着安全带，你正在平静地驾驶汽车。突然一个愤怒的司机向你大吼。你的“内在小孩”感觉到一种非常熟悉的威胁，迅速解开安全带，跳到前排座位，把你推到一边，抓住方向盘，大喊：“我要走这边！”当然，她的脚够不到刹车，她也不会开车。而你坐在那里目瞪口呆，不知道刚刚发生了什么，但感觉事情完全失控了。因为你无法控制了。我遇见桑德拉（Sandra）时她就处于这种境遇中。

桑德拉的故事

> 你的“内在小孩”正在等待一个真诚的、发自内心的道歉。
>
> ——陈永康（YONG KANG CHAN）

在做了多年的簿记员后，桑德拉成功地创办了一家财务咨询公司，帮助企业家管理公司的资金。她在投资上很精明，收入不错，有很多储蓄，但却债台高筑。她向我寻求帮助，但是实际上她知道需要做什么。

“我知道我应该用借记卡而不是信用卡（防止自己花还不属于自己的钱），”她承认道，“但这吓坏了我，真是太疯狂了。一想到不能使用信用卡我就会浑身颤抖，感觉要发狂。”

一开始，我被吓了一跳。“我想我从来没有遇到过像你这样在金钱问题上那么精明而又难以改变的人。”我直截了当地告诉她。但当她回顾自己的过去时，我开始理解她的行为。她经历了非常痛苦的童年。父亲抛弃了她，继父虐待她，母亲在情感上缺席，没有给她应有的母爱。不断增加的债务成为转移内心的持续焦虑的一种权宜之计（尽管是无意识的）。

“如果我们不能取得进展，我可能会建议你做一些创伤治疗。”我说。

“童年经历绝对是我一直在逃避的东西。”她笑着说。

“你为什么认为你一直在逃避它？”

“我在脑海对自己说：‘这就是我们成长的方式，与其他人没有什么不同。你就接受吧’。我从来没有想过这是一种创伤。我一直觉得，这就是我所面对的生活，这是我能做的最好的事。”

“当你现在再谈这些时，你感觉怎么样？”我问。

“我知道之前的想法不是真的。这是黑白分明、毫无疑问的，但我似乎一直在坚持这么想。”

我很同情她。桑德拉将过去的经历极大弱化，拒绝放弃使用信用卡，这是她严重上瘾的表现。

作家丽莎·史密斯（Lisa J Smith）在一篇题为“重新教育‘内在小孩’”的文章中解释道：“上瘾和其他一些更严重的问题一样要归因于允许‘内在小孩’做出大人该做的决定。”

我催促她参加债务人匿名组织，他们专门为长期挥霍无度、负债累累的人设计了一个有12个步骤的改变计划。我告诉桑德拉我参加债务人匿名组织多年，并解释了它给我带来多大帮助。再一次给她辅导时，桑德拉告诉我她已经退出了债务人匿名组织。

“嗯，你觉得怎么样？”我问她，兴奋地想知道答案。她的反应和我的前夫第一次也是唯一一次参加匿名戒赌会后的反应一模一样。

“我绝对没有严重到要接受债务人匿名组织的改造。我跟那些人一点也不一样。”

让我特别难过的是，她帮助别人解决财务问题，我知道她是多么渴望也能帮自己解决财务问题。然而，她把不停地负债当作一个救生圈一样紧紧抓住，太害怕了，不敢潜入治疗自己的深水区。

一行禅师在他的书《和好》中说：“通常，当我们感到内心深处的痛苦时，是我们内心受伤的孩子在呼唤，忘记痛苦会导致更多的痛苦。”

或者，正如戴蒙德博士所说：“保持无意识是让分离出来的‘内在小孩’有时拥有人格，去压倒成年人的意志，显露出来。”

你怎么知道你内心受伤的小孩在行动？下面是一份线索清单。

重塑行动

这些迹象表明内心有一个受伤的“小孩”

下面的迹象表明可能你的“内在小孩”在支配着你。看

重塑行动

看自己有没有符合的吧。

- □ 你对一些事物的界定或易变或非常严格。
- □ 你不信任自己和他人，过度担心。
- □ 你总是讨好别人，渴望得到认可。
- □ 你是一个高成就者，追求完美，害怕失败。
- □ 你避开强烈的情绪，不管是你的还是别人的。
- □ 你容易上瘾。
- □ 一遇到冲突你就来精神。
- □ 你喜欢按部就班，不喜欢改变，极力避免未知的东西。
- □ 你害怕对外宣扬你的观点。
- □ 你觉得自己很不对劲。
- □ 你对自己和他人都非常挑剔。
- □ 你在不健康的环境中待得太久。

治愈受伤的“内在小孩”

> 我们中的许多人都因为没有花足够的时间去倾听“内在小孩”的声音而感到内疚。
>
> ——金·夏·坎贝尔（KIM HA CAMPBELL）

治愈你“内在小孩”的创伤需要勇气、决心和动机——我从本书一开始就强调了这些要求。因为治愈旧痛的唯一方法是重新塑造由这些痛苦形成的神经回路。因此，为了让我们的“内在小孩”恢复健康，我们要把目光再次转向重塑大脑响应机制的三个步骤。

- 首先，你必须**识别**出，现在不是由你掌控了，你的生活现在掌握在一个成熟度只有五岁的人——“内在小孩”手中。
- 然后对遇到的问题进行**重新构架**。我特别喜欢奥普拉在《60分钟》中提到的重构的方法。每当你无法控制自己的冲动时，她建议观众扪心自问：我怎么了？她说“这是一个与‘我有什么问题’完全不同的问题”。
- 然后**通过抚慰受伤的“内在小孩”**，让自己可以对问题采取不同的应对方式。

创伤专家似乎认为，需要让受创伤的“内在小孩”被能够提供专业帮助的人倾听到和看到。这个人可能是一位训练有素的治疗师。但我发现自己来做这件事其实是非常有效的。

我在帮助客户重塑自我时用到的一个方法是下面的“重塑行动”中概述的观想导引法，另一个方法是让他们独立地与内心受到惊吓的“孩子”交流，回忆精神创伤产生的年代，倾听她经历的痛苦。当“孩子”感到自己被倾听时，向她保证，从现在起，你会保护她，她不需要再干涉你的生活，坚定地告诉她：“我已经知道了，回到你应该去的地方，我们安全了。”

重塑行动

治愈受伤“内在小孩”的观想导引法

- 找一个舒适的位置。
- 闭上眼睛。
- 做三次深呼吸。
- 全身放松。
- 想象自己身处一个安全的地方，无论是真实的还是想象的，室内还是室外。
- 把你“内心的小女孩”带到这个安全的地方。
- 用你觉得合适的任何方式去问候她。
- 找一个你们都能舒服地坐着的地方。
- 然后问她：“你的成长过程是什么样的？”
- 让她说话，你倾听。不要提供任何建议。要有同情心和爱心。
- 向她保证你爱她，希望带给她安全感，从现在起，你会保护她。
- 坚持告诉她你不再需要她的帮助。你会做出更有利的决定来保护她的安全。
- 回答她的问题，并承诺你永远不会离开她，会在她需要你的时候出现。
- 离开前，把她放在“守护天使”（你想象的）的怀抱

重塑行动

里，“守护天使”会爱她并治愈她。

- 与她说再见，告诉她你会回来。

正如社会学家兼作家玛莎·贝克（Martha Beck）所解释的那样：“关心你的‘内在小孩’会产生一个强效而出人意料地快速的结果：你这样做了，‘内在小孩’康复了。”就是这么简单直接。这里有两个例子，说明了通过观想导引法来关怀“内在小孩”会产生怎样的力量。在第一个故事中，阿姆丽塔（Amrita）向我们展示了早期的创伤不一定是身体上遭受的暴力，而且这种创伤很可能在微妙的境遇下被视为是正常的。直到把内心那个被吓坏了的“小女孩”重新抚慰好，阿姆丽塔才找到解决她的问题的方法，而这些方法其实都是显而易见的。在第二个故事中，格蕾琴（Gretchen）尽管遭受了可怕的虐待，但通过治愈受伤的“内在小孩”她克服了上瘾的问题，并找到了自己值得同情的地方。结果就是，她最终采取了大胆的行动，在那之前，她觉得这些行动实在是太危险了而一直不敢做。

下面让我们向这些勇敢而不可思议的女性学习吧。

阿姆丽塔的故事

> 她控制住自己，直到“内在小孩”的啜泣声完全平息。她告诉自己：“我爱你，一切都会好起来的。”
>
> ——H.雷文·露丝（H. RAVEN ROSE）

阿姆丽塔长期以来一直逃避与金钱打交道，也不愿意告诉丈夫她公司的债务越来越沉重。对于为什么加入我的项目，她说：“我不想一直生活在恐惧中。当感到害怕时，我内心的某些东西就会出现，我就会浑身僵硬，无法采取任何行动。”

经过几次治疗后，我开始怀疑她的“内在小孩”受到惊吓，结果就是把成年后的自己推入了冻结状态。我建议我们做一个练习来了解她的“内在小孩”。在引导阿姆丽塔进行观想时，我请她分享“内在小孩”的经历。

“她说她的父母有时很有趣，但有时会突然变得愤怒。她告诉我，她学会了保持沉默，表现出最乖巧的行为，尤其是在她父亲离开后。因为她永远不知道下次什么时候能见到父亲，她要随时表现最好的自己。”阿姆丽塔短暂地停顿了一下，仿佛在时光倒流回到从前。

“当我能穿着漂亮的衣服向他炫耀时，他非常自豪。但当我吵闹、弄坏东西或太混乱时，他会对我或房间里的其他人非常生气。我感到有责任。”

“这对一个小女孩来说是一个很大的负担。”我说。

阿姆丽塔的第一反应是为她父亲辩护，回避父亲带来的伤害。“这真的没什么大不了的。”她争辩道。

尽管如此，阿姆丽塔还是同意自己在家里再次进行观想。我告诉她：“下次，让内心的小女孩知道你有多爱她，你会保护她，让她远离伤害。”

在反复练习了很多次后，功夫不负有心人，阿姆丽塔终于拨开云雾，仿佛眼睛上的眼罩被撕开了，之前看不见的东西现在变得纤毫毕现。阿姆丽塔再来看自己的账户，发现自己其实有足够的钱偿还所有的债务。这些资金一直都在银行里，但直到这时她才看到。

不断向“内在小孩”保证，自己会保证她的安全，这让阿姆丽塔重塑了自己的理性大脑，开始去寻找解决方法，不再让她原始的大脑不断重复旧的自我保护模式。

“过去，我找不到办法还清债务，其实我需要的钱就在我的个人账户中，我却不敢去查看它。”她惊讶地说。“实际上，我有多种方式可以更早地还清这笔钱。当我因为要完成这次的练习不得不去查看账户的数字时，我才知道每个账户中有多少钱。一扇大门在我面前打开了。”

阿姆丽塔承认，一开始她不想走进那扇大门——行动起来还清债务。她说：“这种感觉不太好。我很难做到。”

“这正是重塑大脑思维的感觉。”我向她保证。“事实上，如果一开始感觉很好，反而证明你偏离了正轨。如果你觉得“哦，不，这是错误的，那不是我”，你肯定做对了。记住，你的旧思维模式拥有强大的力量，一开始你就需要极大地警惕，不要被它拽回老路上。

在我们的最后一次课程上，阿姆丽塔兴奋地告诉我：“我已经开始关注所有其他已经打开的‘门’，当感觉自己陷入困境时，我会敦促自己采取行动去解决，而不是像鸵鸟一样把头埋到土里。”在完成了对“内在小孩”的疏导后，她的“小女孩”现在高兴地坐在后座上玩耍，这让阿姆丽塔能够专心开好人生之车。现在，她感到相当安全，可以和丈夫坦诚地谈论金钱的问题，不用再刻意逃避。

格蕾琴的故事

> 化解的第一步就是认清，既然这一错误决定是你作出的，你当然也能另作选择……你的责任只是将自己的想法带回到当初犯错的那一点上。
>
> ——《奇迹课程》

格蕾琴患上了我称之为SSA的系列研讨会成瘾症，这通常是内心有创伤未愈合的迹象。这种情况我经常能看到。人们上完一个培训班上另一个，给他们造成一种为改变自己很努力的幻觉，他们没有对为什么需要改变进行深层次的分析，也就无法进行更深层的治疗。

斯蒂芬·金（Stephen King）完美地总结了这一综合征，他说："说到底是一颗砂砾落入蚌壳才长成了珍珠，而不是一群蚌开会讨论结果才长出了珍珠。"

和所有的上瘾一样，SSA只是为了避免"砂砾"掉入自己的"蚌壳"中的不适，而不是为了个人的改变。然而，抚愈"内在小孩"为快速挖掘隐藏的情感提供了一个温和但有力的工具。

当格蕾琴加入我的重塑思维项目时，她正要再报名参加两个自助课程。多年来，她一直被一个在经济上支持她的男人虐待。作为交换，她帮那个男人管理各种杂务。她自己几乎没有钱，也极度缺乏信心，所以她觉得无力离开这个男人。我劝她不要再上任何课程了。

我告诉她：“让我们把注意力集中在重新构建你的大脑思维，而不是让过多的课程分散你的注意力。这样你才会觉得自己更有力量，能做出更有建设性的选择。”她同意了。

在我们的谈话中，格蕾琴告诉我，她的父亲性虐待她，直到后来他抛弃了家庭，她和她的母亲陷入贫困之中。我开始怀疑她受了创伤的“内在小孩”控制了她。

“有人在经济上支持我让我感觉得到养育。”格蕾琴表示。“我现在意识到，我一直在混淆被男人爱的需求和被男人在经济上给予支持的需求。”

我告诉了她如何安抚“内在小孩”，重塑正确的自我，并把它作为家庭作业布置给她。练习后她立即取得了突破。

她后来告诉我：“抚愈‘内在小孩’的过程给了我很大的力量。这让我对自己充满了同情心。我认为很多时候，我们很容易将这种同情心传递给其他人，但对我们自己来说却不那么容易。”

格蕾琴每晚上床后都练习这个过程。“有时我想象一位慈爱的父亲把我塞进被窝。他是我想拥有的父亲的样子，他让我感到安全，照顾我，把我抱在他的大臂弯里。”

其他时候，格蕾琴把自己假设为这个父亲的角色。“我将这个成年人想象成自己，把“内心的小女孩”高高抱起，然后轻轻放在我的膝盖上，轻轻摇晃着她，向她说一些我会对自己孩子说的话。她知道自己被人爱着，自己并不孤独，也没有做错任何事。”

偶尔，她回忆道："是我的祖母或一些想象中的仁慈的人在晚上把我紧拥入怀，让我感到安全。"

仅仅几个月后，她就注意到自己开始有很明显的不同。她告诉我："现在，当想到我父亲做的事时，我的情绪没有像以前一样被触发。我没有感受到过去的那种强烈的悲伤。我不知道我是否已经被完全治愈。偶尔会有创伤中残余的东西浮现脑海，但它们没有带来以前同样的刺痛。我认识到发生在自己身上的事，这也让我变得更加坚强。"

我看着格蕾琴从一个无助的孩子变成一个积极主动的成年人。她下载了一个应用程序来管理自己的工作时间，弄明白了行政经理的市场工资水平，创建了一份记录开支的电子表格，并与即将成为"前合伙人"的虐待她的男人协商，确定了生活工资[①]的标准。她告诉他，如果他不付工资给她，她就不再帮他管理杂务，还坚持要他买下整栋房子，让她免费住在那里。经过多次激烈的反复讨论，那个男人同意了。

格蕾琴承认："这太可怕了。他是一个强硬的谈判者，但通过这个过程，我变得更坚强了。我知道我可以相信自己。"她"内心的孩子"终于可以放松了，因为她知道成年的格蕾琴从现在起会好好照顾她。事实上，我们上次谈话时，她已经鼓起勇气告诉那个男人她

① 生活工资是一种基于某一地区的生活成本而非任意的最低工资标准的工资。在理想的生活工资下，一个每周工作40小时的人将能够负担得起住房、食物、医疗保健和其他基本生活必需品。

要离开他了。

八个月后，格蕾琴的生活发生了她做梦也想不到的变化。在她告诉那个男人一切都结束了后，他起初很生气，但后来又恳求她再给他一次机会。她坚持要他解决与其他女性的问题，而且告诉他，即便他付出种种努力，她也不保证自己一定回心转意。那个男人立即找到了治疗师，开始每天进行治疗。令她惊讶的是，他的行为和他们的生活状况大大改善了。

让自己继续前进

> 如果我们承认“内在小孩”的存在，她就会用某种你不知道的方法知道我们在听她倾诉，尽管我们可能永远不知道这是什么时候如何开始的。
>
> ——邦妮·巴德诺赫（BONNIE BADENOCH）

我怀疑你不可能在其他任何关于理财的书中找到本章的话题。如果你遭遇了长期的财务困境，在试图脱困时伴随着持续的阻力，那么你内心的那个“小女孩”可能就是罪魁祸首。只有得到你提供的安全感和保护，她才会放手，允许你继续前进去摆脱困境。

抚愈“内在小孩”不需要花费大量时间。我带领客户完成本章中的观想只需要大约10分钟，通常更少。你可以在没有睡着的任何时间与内心的孩子交流，比如商店排队时、开车上班或洗澡时。

这种练习的效果与你投入时间多少关系不大，而是取决于你感受到的情绪的浓烈程度和你练习的连贯性。一旦你调整好了内心受伤的“孩子”的情绪——这就是本章要做的——给自己营造出足够的安全感，那你只需要花费很少的努力就能做好下一个硬核工具的实践。

在我们继续探讨下去之前，我愿意分享一下凯瑟琳·阿尔戈（Kathleen Algoe）的一首题为《我内心的孩子》（My Child In）的诗，这首诗深刻描述了抚愈“内在小孩”的意义。

我们紧紧地拥抱在一起
当受伤和恐惧的感觉出现时
没关系，我抽泣着，我是如此爱你！
你对我来说非常珍贵，我想让你知道
我的孩子，我的孩子，你今天很安全
你不会被抛弃，我会留在这里
我们笑了，我们哭了，我发现一个事实
这个温暖可爱的孩子是治愈我的良药。

第十章　硬核工具3：重复

几乎无一例外，我们所知道的大师都是实践的狂热者，是小步渐进的行家。

——乔治·李奥纳德（GEORGE LEONARD）

重复带来重塑

每天反复做的事情造就了我们。

——亚里士多德（ARISTOTLE）

正如前面我们所讲的，重塑财富思维的前两个步骤是：

1.识别。带着好奇心而不是批评的态度来观察任何消极或不健康的想法或感觉；

2.重构思维方式。找到不同的方式来看待遇到的问题。

这些步骤有一个共同的目的——改变你的思维，这将使你成功地进入第三步——采取不同的应对方式，而不是采取习惯的应对方式。第三步就像点火开关一样，实际上开启了重塑的过程。

但如果没有有意识地、持续地使用第三种硬核工具——重复，让新思维永远固定下来几乎是不可能的。采取不同的应对方式，不是一次，而是一次又一次，才能巩固和锁定新形成的神经回路。发表在《心理学评论》上的一项研究发现，“**养成好习惯（和坏习惯）更多地取决于你做某件事的频率，而不是你从中得到多少满足感**”。

关于重复的练习

> 当人们有选择的能力时，他们就有改变的能力。
>
> ——马德琳·奥尔布赖特
>
> （MADELEINE ALBRIGHT）

在我们进一步讨论之前，我想让你做个实验。

双手合十，手指交叉。现在分开双手。然后再次将它们紧紧地扣在一起，手指交叉。再来一次，把它们分开。如此重复多次——合十，分开，合十，分开。（来吧，跟着一起做。我保证，这么做是为了证明我的观点。）

你注意到什么？如果你和大多数人一样，你可能每次都把手指交错成相同的形状，对吗？

现在，我们用自己觉得舒服的方式把双手交叉。下面重新排列一下手指的位置。把现在在上面的大拇指放到另一个大拇指下面，现在在上面的食指放到另一个食指下面，中指、无名指和小拇指也同样操作。

感觉如何？不舒服？怪怪的？我猜，当我再一次请你把它们分开，重新交叉起来时，你会把手指交叉成开始时的自己感觉更“正常”的样子，因为这就是你现在被定型化的处理方式。挑战这种惯常的处理方式会让你感觉很不舒服，你会本能地用回过去的方式来暂时缓解这种不舒服。

现在，想象一下，在这个练习中，你的手指代表着你的思想、感觉或行动。你第一次尝试用不同的方式思考、感受或行动（就像用不同的方式排列手指）会让你感觉不对劲。但重塑思维需要你一次又一次地挑战，用不同的方式去应对。一旦你放弃继续努力改变，旧思维的巨大力量都会把你拽到曾经的老路上。

练习采取不同的应对方式对于培养新的神经回路来说，就像力量训练对于萎缩的肌肉的意义一样。你必须一次又一次地做你不想做的事。你重复的次数越多，你的神经回路（或肌肉）就越强壮。但这样做一开始就会很辛苦，很多人都放弃了。我要说的是，你越能将不同应对方式一以贯之，新神经元之间的联系就越牢固，旧的神经回路就越容易萎缩乃至消亡，到最后，会越来越轻松、容易。瞧，一个新习惯形成了。

嘿，作出改变的感觉可能不太好！

> 我们停下来并不是因为我们无法继续，而是因为继续下去所需的努力比我们愿意付出的更大。
>
> ——亚历克斯·哈钦森（ALEX HUTCHINSON）

你第一次尝试做出与平时不同的反应时，会感到不舒服、怪异、尴尬，而且肯定不会令人满意。但不要忽视或对抗这种不适，相反，要承认这种令人懊恼的感觉是理所应当的，并去认真感受。如果你不明确表达出自己的感受，你很容易用其他逃避的方式去暂时缓解这种情绪，比如疯狂购物、暴饮暴食或其他各种上瘾的行为。

尼尔·埃亚尔（Nir Eyal）在他的书《不可干扰》中描述了一项戒烟研究，正如报纸援引的那样："承认自己渴望戒烟并积极探索的参与者的戒烟率是美国肺脏协会戒烟效果最好的项目的参与者的两倍。"正如我在本书中所提到的，尊重你的感受对财富和个人健康都至关重要。

我最近收到一封来自代理人、我的前客户辛迪·楼（Cindy Lou）的电子邮件，她曾经对自己无法最大化发挥出个人潜力或者说经济潜力感到沮丧，来向我寻求帮助。

"你给我的最大礼物是你告诫我，为了财富的增长，为了某种程度上的自尊，我要让自己感到不舒服。对于我的情况来说，这种让人不舒服的愿望表现为要求得到更多的钱，即使这个目标的结果很可能让我失望。

"我设定了今年赚到10万美元的目标。我提高了我的服务价格。当我的客户对我提价表示不高兴、生气，甚至有人说他们负担不起时，我没有退缩。这真的很难，但我做到了。我很高兴地告诉你，到五月底，我已经超过了这个目标。"

听到她成功我很激动。尽管这种改变让她感到不适，但不断重复去做的真正回报在她的最后几句话中显露出来。

她说："更重要的是，这种不舒服对我来说已经不是那么不舒服了。失望的情绪、人们断然地拒绝，现在对我来说感觉像是风景的一部分，而不再是以前我想象的难以跨越的悬崖峭壁。"

辛迪·楼曾经付出了巨大的努力，但现在曾经的问题都不是问题了。你将来也能变得像她一样。

四个练习帮你获得持久改变

为了帮助你增强改变的决心，而不是屈服于旧的思维方式，在你开始反复练习用不同方式应对问题时可以使用下面四个练习：

1. 善用肯定语言。

2. 想象。

3. 冥想。

4. 庆祝进步。

练习1：善用肯定语言

> 我们不是在描绘我们所看到的世界，而是看到我们所描绘的世界。我们看到的只有我们谈论的东西。
>
> ——约瑟夫·贾沃斯基（JOSEPH JAWORSKI）

菲尔·赫尔穆特（Phil Hellmuth）是一名职业扑克玩家，截至本书出版之时，他赢得了创纪录的14场世界扑克系列赛冠军，获得丰厚的回报。但在此之前，他连续八年在扑克大赛中输钱。不管他做了什么，他的厄运都没有改变。然后有一天，他改变了经常使用的几个词，他的生活发生了改变。他将自己的电子邮件签名从“努力成为最伟大的扑克大师”改为“最伟大的扑克大师”。到目前为止，他赢得了2200多万美元。

他告诉记者：“一开始我谁都赢不了，然后我就开始打破这个困境。我非常相信自己的话的力量。”

语言对你的大脑有着深远的影响。如果你不断重复，即使是谎言，最终都会成为你的真理。负面词语会调动大脑的恐惧中心，增加压力和焦虑；积极的词语会激活大脑的理性功能区，产生通常所说的幸福感。

正如安德鲁·纽伯格（Andrew Newberg）和马克·罗伯特·瓦尔德曼（Mark Robert Waldman）在他们的书《言语改变思维》（*Words Can Change Your Brain*）中所写：“通过在脑海中记住一个积极乐观的单词，你可以刺激脑前额叶活动。这个区域包括与负责让你行动的运动皮层[①]直接相连的特定语言中心。”

几年前，当我经历人生中一段非常艰难的时期时，我发现了自己的语言所承载的力量。当时，我的治疗师给了我一个任务。

“接下来的两个星期里，”她告诉我，“我希望你观察你与他人

---

① 运动皮层是大脑皮层中参与计划、控制和执行自主运动的区域。

的谈话，但不要去刻意做任何改变。”

观察的结果让我震惊，我经常贬低自己，甚至都没有意识到这一点。我会对自己具备的技能不屑一顾——“哦，那没什么大不了的”，忽视赞扬——“我觉得我很糟糕”，贬低自己取得的成就——“但我本可以做得更好”。

“自我贬低是你的舒适区。”她告诉我。事实上，这种感觉谦逊的行为对我的自尊造成了极大的破坏，侵蚀了我的自信。

《奇迹课程》解释道：“分享会让你更强大。”难怪我一直在挣扎度日，原来是因为我不善于分享自己。我立刻对一些朋友说：“当你听到我贬低自己时，一定要提醒我。”他们照我说的做了。仅仅通过改变我所使用的语言，我的感受变得截然不同，我被震撼到了。

在2001年互联网泡沫破裂的深渊中，我再次见证了语言的力量。我的客户中有高收入者，也有与他们同龄的低收入者，我注意到，二者在对话时传递的信息截然不同。低收入者不断抱怨糟糕的经济和缺少工作岗位。他们拒绝相信生活可能会改善，所以为什么还要尝试呢？但是，高收入者中即使是那些在这个困难时期艰难支撑的人，对在危机中挖掘机会和获得成功都异常乐观。

每个人的现状都直接反映了他们不同的处世态度。他们的话变成了应验在自己身上的预言。乔治·奥威尔（George Orwell）曾经说过：“如果你想控制人们的思想，就要控制他们的话语。”同样，如果你想控制自己的思想和感情（正如我们所看到的，这些思想和感情直接影响着你的大脑），那么就要对你所使用的词语保持高度警惕。

从现在开始，只谈论你决心要做的，不谈你担心的。停止不必要的道歉或以任何方式贬低自己。谈谈你想要创造的生活，你想成为什么样的人，你想有什么样的感觉。停下来，不要再讲老一套的东西，不要再重蹈覆辙。这一直是我与客户打交道时要求的第一项任务。

“如果你继续谈论你的过去，”我强调说，“我肯定你会继续重复过去的生活。换句话说，每次你谈论你的梦想和抱负，实际上会削弱旧的功能失调的神经回路，强化新的、更可取的神经回路。”

当我正与伊斯·格里格斯通电话时，她刚准备搬到希腊，把大部分物品都打包寄走。当我问她感觉如何时，她的回答令人震惊：“我喜欢不确定性。看到做出这种转变让我的人生发生的变化，我很兴奋。”

即使在她的旅行计划被新冠肺炎疫情无限期地暂停之后，她仍然保持冷静，拥抱不确定性，给她的希腊朋友发电子邮件说明情况，并热切期待着疫情过去，出行限制取消，她一直提醒自己最终这一定会实现。

还记得帕蒂·法根吗？她的母亲拒绝并羞辱她，因为她是意外怀孕的产物。她通过重复一句肯定自己的话努力调整自己：“上天选择了我。”

不过，要注意的是，那些你认为已经消失的旧习惯可能会突然重现。重复肯定自己的话语——简短的句式，把你想要的东西说成好像它已经是你的一样——就像挥舞着魔法杖一样，具有神奇的魔力。最终，你不想要的行为会慢慢消失。你甚至不必强迫自己相信这些肯定的话语是真的，无条件重复就行，重复产生力量。

在我们的采访中，我问帕蒂是否还会有被拒绝的感觉。

“哦，有，但不经常。”她笑着说，“几周前，我和丈夫一起去参加了一个晚宴，所有的人都会带着他们的配偶来。我突然发现自己一直在想自己会被拒绝。我不认识任何人，也不会有人跟我说话。”

她立刻意识到自己又陷入了旧思维模式中。“我后来想：‘等等！如果他们拒绝我，谁会在乎呢？’我想要每个人都接受我，但我意识到，不是每个人都会接受我，这没关系。上天选择了我。”她最后玩得很开心。

（注意：只有当你说出的想要的东西是你真正想要的东西时，肯定的语言才起作用。如果你判断不了自己真正想要的东西，我建议你重读第八章。）

重塑行动

我在说什么？

花一周时间观察你说的话。注意你谈论的内容和你的感受。不要改变任何东西，不要试图编辑你说的内容。然后问自己这样一个问题：我与他人分享的东西是否是我真正想要的？

重塑行动

接下来的一周，有意识地选择只谈论机会，而不是问题，只谈论你渴望实现的目标，而不是一切正在发生（或可能发生）的错误。说话时要像一个威严的成年人大声、自信，而不是一个不幸的受害者恐惧、懦弱。

做完后，你感觉如何？你注意到了什么？你的言论反映的是你所做的决定还是你所感受到的恐惧？

当你做这个练习的时候，你可能会感到奇怪、尴尬、有点自大，甚至可能感觉虚伪（尤其是当你和消极的人在一起的时候）。但是，这正是重塑思维的感觉，你可能会觉得“这不是我”。

在你与“内在小孩”的对话中也要做同样的事情。身体内那个弱小的声音告诉你你能做什么，不能做什么，敦促你保持低调，保持安全，克制。我们自己就是自己迄今为止遇到的最糟糕的反对者。感谢“内在小孩”的分享，并根据你从本书中学到的知识开始新的对话。

练习2：想象

你不需要移动一步就能让大脑产生积极的可塑性变化。

——迈克尔·梅泽尼奇（MICHAEL MERZENICH）

1994年，哈佛大学的一位神经科学家给出了一项惊人的发现——想象或者说心理练习，改变了大脑的生理结构，而实际上你不需要做任何事情。

阿尔瓦罗·帕斯夸尔·利昂（Alvaro Pascual-Leone）博士让一群志愿者在五天的时间里每天用钢琴练习两个小时的简单歌曲。他让另一组人在同样的时间里练习同一首歌，但不同的是，这一组志愿者保持双手不动，只是在大脑里想象自己在弹钢琴练歌。大脑图像数据显示，无论他们是想象还是实际弹钢琴，两组人的大脑中控制手指运动的区域都扩大了。

这是令人兴奋的消息。

重复，无论是真实的还是想象的，在创造新的神经回路方面都同样有效。仅仅通过想象自己在做一些事情，比如做一个引人入胜的演讲或者制订一个自动储蓄计划，你就可以让自己这方面的能力得到增强，而无须实际中执行。

著名神经科学家迈克尔·梅泽尼奇博士解释说：“内部心理想象的练习改变大脑方式与作用过程，与外部实际活动改变大脑的方式和作用过程完全相同。”

丽贝卡（Rebecca）是一家会计师事务所的执行副总裁，她希望我帮助她向老板表达加薪的要求。她给人的印象是一个坚强、自信的女人。她坚信公司应该提高自己的薪水，因为她在那里工作了很多年，一直没有加过薪水，但她非常害怕那个难缠的老板。

谈起老板，丽贝卡变得结结巴巴，完全不像她平常说话的样子。她说："我的老板是一个很有威严的人，而且他待人生硬，当我在他身边时，我真的会一句话也不敢说。"

根据情况我给她布置了解决问题的任务：研究像她这样的职位的现行薪酬，记录她对公司的贡献，撰写与老板对话谈加薪的剧本，和朋友一起练习剧本。我们还分析了她的过去可能会如何影响她对老板的反应。几个月后，她仍然无法鼓起勇气提出加薪请求。

最后，我有了一个主意，她愿意尝试一下。我让她闭上眼睛，想象自己走进老板的办公室，穿着得体，感觉镇定、强大、充满信心，并且非常激动地要求加薪，因为她知道自己值得这么高的薪水。她坚持每天做这种想象，尽可能多地投入积极的情绪。

当我们再一次相约见面时，我从她的声音中听到了兴奋。"我一点也不紧张。"她说，"我为自己感到骄傲。我告诉他我想要什么，并告诉他为什么应该给我加薪。这感觉真的很好。我看得出我给他留下了深刻的印象。"她停顿了一下，告诉我老板因为预算限制而拒绝了她的请求，但她仍然保持乐观。她没有在失败中崩溃，而是保持了出人意料的积极状态。

"我对老板说：'我理解公司的难处。那我能做些什么来获得未来加薪的机会呢？'"丽贝卡说。最后，他们集思广益，讨论为了让丽贝卡加薪老板需要做什么，她能做什么，并同意在三个月后重新讨论这个问题。丽贝卡很激动。当然，她没有马上得到她想要的，但反复想象的练习大大增强了她的信心，让她与老板建立了联系，并为未来的讨论敞开了大门。不到一年，她得到了加薪。

重塑行动

想象完美的一天

我想让你体验一下舒适的感觉，你可以想象自己度过完美的一天。在脑海中“看到”自己早上醒来，兴奋地开始新的一天。你要融入环境中。你是和某人在一起还是独自一人？让你开始活动的话，你会去哪里？你是做什么的？你和谁打交道？你从事的哪些活动能给你带来巨大的快乐和满足感？以生动的细节想象这一天，感受它给你带来的快乐。随着这一天的结束，你要去哪里？和谁一起？你是怎么解决晚餐的？之后你做了什么？然后该上床睡觉了。当你睡着的时候，回顾一下这一天的经过以及感受它带给你的快乐。

练习3：冥想

冥想并不是让你的头脑平静下来的一种方式，它是一种让你进入平静状态的方式。平静其实一直就在我们的脑袋里，只是被埋在我们每天都要冒出的无数个想法之下。

——迪帕克·乔普拉（DEEPAK CHOPRA）

广泛的研究已经证明，除了毒素和创伤，没有什么比压力更能损害你的大脑。

神经学家大卫·帕尔穆特（David Perlmutter）在《给大脑充电》（*Power Up Your Brain*）一书中写道："慢性压力会导致大脑形成一种惯性模式，让我们重复同样的功能失调行为。由于我们的大脑受到压力或创伤的影响，我们无法思考或感觉到走出危机的方式。因此，我们不断重复早期的行为。"

在压力下，你的大脑总是会默认选择作用最强、最深刻的思维模式，实际上会让作用较弱的模式消亡，阻止你做出不同的反应。

然而，事实证明，经常练习正念冥想可以显著降低压力。在2015年哈佛大学的一项研究中，神经学家莎拉·拉扎尔（Sarah Lazar）发现，每天冥想5到10分钟可以改变大脑皮层，提高记忆力、抗压能力、决策能力和幸福感。

拉扎尔博士表示："这是一种精神锻炼，正如身体锻炼能增进健康，帮助我们更好地应对压力、延长寿命一样，冥想也能带来同样的好处。"

正念冥想确实是一种让你的头脑平静、身体放松的练习。但除此之外，冥想在训练你的注意力上也有无与伦比的效果，而注意力是重塑思维方式的先决条件。

简言之，正念冥想意味着不加判断地观察和接受你的思想和感受。冥想的方法有很多。我发现最简单但非常有效的方法是静静地坐着，集中注意力到呼吸上，加上一句引导的话语，在头脑想象一个图像或者一个真实的物体，比如蜡烛。当各种想法像往常一样纷至沓来时，将你的注意力重新引导到你的呼吸或正在专注的任何事情上，而不对那些想法进行任何心理上的评论。我喜欢科学作家莎伦·贝格利（Sharon Begley）的建议，即“对侵入的想法的反应，就像它们是一只飞进你的视野中的蝴蝶”。

人们通常认为冥想意味着消除所有的想法，但丹尼尔·戈尔曼（Daniel Goleman）在他的优秀著作《改变的特质：科学揭示冥想如何改变你的思想、大脑和身体》中强调那是不可能的：“为了冥想产生好的训练效果，你的思维需要四处游荡，为冥想提供练习机会。每次你把你的思维带回到冥想中，你的大脑在冥想下形成的神经回路就会变得更强。”

正如戈尔曼博士所指出的：“负责注意力的大脑回路也管理着杏仁核，杏仁核的情绪功能管理着你的焦虑、不安或抑郁。冥想者能得到双重好处：他们对过去让他们不安的事情反应不那么强烈；当他们不安时恢复得更快。”

重塑行动

冥想练习

进行5分钟计时。找个舒适的位置坐下，同时将注意力集中于你的吸气和呼气。你可以在每次吸气和呼气时重复：“我在吸气。我在呼气”。或者试着每次呼吸的时候去数数。当你的思绪飘忽不定时，重新回到呼吸环节，或者从头开始数数。

练习4：庆祝进步

> 你可以同时成为一部杰作和一部正在进行中的作品。
>
> ——索菲亚·布什（SOPHIA BUSH）

这里有个问题要问你：你上一次祝贺自己或者承认自己用不同的方式作出应对或者尽管困难重重但却取得了哪怕是最微小的进步，是什么时候？不幸的是，大多数人的答案是“我很少这样做”。

正面强化——不管是拍拍自己的肩膀表示赞赏还是打开香槟隆重庆祝——产生积极作用的原因很简单：奖励自己给你的感觉非常棒。任何愉快的感觉都会触发带来愉快的化学物质的释放，比如多巴胺，进而鼓励大脑不断重复这种行为。

哥伦比亚大学扎克曼研究所首席执行官、神经科学家鲁伊·科斯塔（Rui Costa）说：“我们从自己喜欢的事情中获得快乐，这已经不是什么秘密了。大脑会了解哪些活动模式会让人感觉良好，并自我重塑，以更有效地再现这些模式。”这就是为什么老师会给孩子们小红花和可爱的贴纸来鼓励他们的行为，这些行为可能不是他们本能的反应，也不是现在感觉良好的行为，但鼓励会让这些行为不断固定下来。

为重塑财富思维一开始并不令人愉快，因为它通常意味着你的快感会被延迟。少花钱、多储蓄或明智投资并不会带来立竿见影的快乐，但吃大餐、买新鞋或旅游的内在回报是瞬间的，会让你马上有满足、开心的感觉。

但是，随着不断重复，财富积累活动最终会带给你极大的愉悦，让你对自己越来越满意。但在达到这种程度之前，这些活动需要得到积极的强化。

正如斯坦福大学心理学家凯利·麦戈尼格尔（Kelly McGonigal）在《意志力本能》（*The Willpower Instinct*）中所写："庆祝行为告诉你的大脑这种行为是有益的，它应该寻找更多参与的机会。"

梅泽尼奇博士是神经可塑性理论的积极倡导者，他大力提倡对自己的进步表示祝贺和欣赏。他说："你要把每一个小小的进步迹象都算作成功，并在你的头脑中对这些不断增长的成就提出奖励。你对一项活动的感觉越积极，你的大脑就越愿意启动做这件事的机制。"

这四种练习（善用肯定语言、想象、冥想和庆祝进步）如果与其他两种工具（消解阻力和不断重复）一起持续使用，就像一把小砍刀，迅速清除任何根深蒂固的、不需要的神经回路，促使新的神经回路发芽生长。

卡梅拉的故事

> 只要你知道自己有多强大，你就能变得那么强大。
>
> ——尤吉·巴赞（YOGI BHAJAN）

卡梅拉（Carmela）家境贫寒，后来嫁给了一位成功的律师，34年后，她离婚，获得了数百万美元的财产。但当她加入我的重塑财富思维项目时，数百万美元所剩无几。尽管她是一位技能高超的专业人士，但她从不看财务报表，不知道自己的开支花在哪里，还欠了8000美元的债。我认为她这些问题根源在她的成长过程中可以找到。

“我父母认为金钱是一种令人难堪的负担。”卡梅拉用浓重的纽约口音回忆道。“他们总是生气。我是在恐惧中长大的。他们从不说‘你可以做任何事’，也从不告诉我我很好、很聪明或任何积极的事情。他们说不想让我自以为了不起。他们认为这个世界很危险，我可能会受伤。我意识到我一直在对自己说这样的话。”

显然，卡梅拉被灌输只看到恐惧和不足。即使她在银行里有数百万美元存款，在汉普顿有一所房子，她仍然说“我在经济上没有保障”。她固执地秉持着老思想：“我做得还不够好。”“我永远不会得到足够多。”“我不值得。”“我不配。”

当我引导她想象与“内在小孩”进行一次对话时，有些事情发生了变化。“我从没听说过‘小卡梅拉’有多害怕，”卡梅拉说，“我意识到不是我害怕表现自我，而是‘小卡梅拉’害怕。我告诉她‘你可以做任何事’，我告诉她她很安全，从现在起我会照顾她。这些是我从未听到过的。”

我说：“卡梅拉，你知道那意味着什么。从现在开始，你必须始终如一地坚持用不同的方式应对问题。让这些新信念永久树立起来的关键是不断重复。让我为你介绍四个练习，将对你有所帮助。”

在介绍练习1时，我告诉她：“我想让你注意自己的用词。每次你开口，你都有一个选择：重复你‘不够好’的套路，或者告诉大家在财富问题上变得精明和成功让你有多兴奋。”

我们再一次谈话时，她的状态完全不同了。卡梅拉说：“我觉得通过观察我说的话，我正在摆脱过去的束缚。我开始使用全新的词汇，尤其是在我对自己说话时，我都使用积极正能量的词语。”

她很兴奋地尝试练习2——想象，她想象自己“站在一个非常大的研讨会的舞台上，组建一个大型的女性联盟来推广它。我有很多话要说，人们积极互动”。

练习3似乎变成自然而然的事。她放慢了节奏，花时间冥想、做瑜伽。“我安静下来，停止了忙忙碌碌。放慢脚步让我有机会专注于我想做的事情。”

然后卡梅拉开始做练习4。

她自豪地说：

“我正在花时间欣赏自己，对自己的作为给予肯定，告诉自己‘干得好’‘你已经有了很大进步’。

“过去，人们对我说了一些肯定我的话，但我听不到。现在我可以听到了。更棒的是，我正在体现自己的价值。我已经因为自己的表现获得了奖项。我成为两部电影的联合制片人。我在没有任何鼓励的情况下完成了这项工作。”

据她说，有一天，一句话突然浮现在她脑海中：我就是自己一直在等待的那个人。“这是我的新‘真言’。”她热情地说，“做一个完整的自己，爱自己。我相信一切都准备好了，我可以安全地前进。”

在这段时间里，卡梅拉爱上了一个非常聪明和支持她的男人，他正在帮助她创办自己的研讨会业务。“他真的相信我。我不再遮挡自己的光芒。我可以自由地做我自己。每个人都说他很幸运能和我在一起。我告诉自己：‘接受这种赞扬吧，卡梅拉。让你自己听到它’。”

带着一种新的自尊感，她觉得自己变成了另一个人。她意识到：“觉得自己不配的感觉让我不敢面对金钱问题，但要想掌握它，唯一的办法就是正视它。”

卡梅拉开始热切地记录她的支出（“阻力很大，但我会在12月前还清债务”），做了预算（“有史以来第一次”）并约见了一位财务顾问（“我们重新配置了我的资产，以确保配置多样化”）。

卡梅拉的生活只会变得更好。她说：“我现在一点也不沉迷于过去。我意识到我可以让过去的过去。”她对重塑财富思维的过程作了一个巧妙的总结——让你过去经历中不想要的那部分安息，真正的自己醒来，看到一个更光明的未来。

第十一章　走向未来

主宰命运的不是机会，而是选择；命运不是等来的，是争取来的。

——威廉·詹宁斯·布莱恩

（WILLIAM JENNINGS BRYAN）

继续进步

思想是命运的建筑师。

——大卫·麦凯（DAVID O. MCKAY）

当快要结束我们在一起的快乐时光时，请允许我分享约瑟夫·贾沃斯基（Joseph Jaworski）令人难以置信的著作《起源》中的一句话："人类进化的下一个阶段是全意识的人类，他们正在引导自己和周围世界的命运。"

亲爱的读者，这些话传达了本书的最终目的。在重塑思维的背景下，财富积累只是对个人转变的一种比喻，是女主人公寻找灵魂之路的旅程。通过将神经科学、心理学、精神和个人理财结合起来，我给了你们一个自我指导的过程，来训练你们的大脑重新“编程”，让你们有意识地引导自己的命运。

虽然本书列出了一个循序渐进的计划，主要目标是通过积累足够的资金来改善你的财务状况，但它做的远不止这些。在追求梦想时，你的财务独立会带给你一个明显的优势。它也会唤醒你，让你意识到自己的真实本性，在这个世界开始向你灌输谎言和其他错误信息之前，让你知道你应该是谁。

诚然，重塑的过程并不容易，也不舒服，但非常值得你去努力。成为真正的自己意味着闪耀你的光芒，勇敢地展开你的翅膀，突破你被限制束缚的信念，去做你想要做的事情。还有什么比这更大的成就呢？

世界迫切需要觉醒人类——无论男女——来帮助治愈折磨着这个星球的苦难和痛苦、分裂和不和谐、不平等和不宽容。但首先，我们每个人都必须治愈自己内心的痛苦，这是我们在本书中一直在做的工作。在你开始讲述自己的故事前，我给你讲述最后一个关于女人的故事，这个女人确信自己无能为力，直到她学会了重塑思维的三个步骤，最终掌握了自己的命运。

迪翁的故事

> 先要成为对自己有益的人，才能成为对别人有益的人。
>
> ——拉比·萨姆森·拉斐尔·赫希
>
> （RABBI SAMSON RAPHAEL HIRSCH）

一天，在一堂特别有趣的健身课后，我冲上前去感谢老师。她奇怪地看着我，然后大哭起来。我从没遇到过这种情况。

“我在视频网站上看到过你的视频，”她抽泣着说，“我需要你的帮助。”

我就是这样认识了迪翁·托马斯（Dionne Thomas）。她是一位健身教练，热爱自己的工作，但身体却看上去狼狈不堪，日程安排满满当当，银行账户却空空如也。

“我过着吃了上顿没下顿的日子。”她告诉我，试图振作起来。“我对此束手无策。我受够了这种生活！”

两周后，我和迪翁通了第一次电话。那时，我刚刚开始将神经科学的力量引入我的工作，可以说，她成了一只糊里糊涂但充满渴望的“小白鼠”。

她告诉我：“我在健身房当教练，在那里租了场地。我总是四处奔波，试图让人报我的教练课。我忙忙碌碌服务别人，想确保每个人都高兴，把自己放在次要位置，每天就是埋头苦干。我避免去思考金钱的问题，因为它看起来太过沉重。我没有什么存款。可以说一无所有。”

“让我们来谈谈你想要什么。”我提出了“权力问题”，这是在前面让你写下读本书的意图时向你提出的问题。我告诉她回答这个问题是有意识地训练思维引导命运的第一步。

“这很难回答。”迪翁抱怨道，但几分钟后，她开口了。“我想为全国各地更多的人服务。我想做的不是帮助他们减肥。我想帮助他们通过运动与自己的灵魂、真实感和快乐连接起来。”她接着强调说：“确切地说我想去过一种平衡的生活。”

她深吸了一口气，接着说：“我不想再在金钱问题上迷迷糊糊。”她挣的钱甚至达不到纳税的标准，她想摆脱这种碌碌无为。“我知道我需要找个人谈谈，”她解释道，“但我很惭愧。我所做的就是不断打击自己。”

迪翁在贫困的家庭中长大，看着她深爱的母亲工作到深夜，因为长时间工作养活孩子而精疲力竭。“她过着艰苦的生活。她总是很痛苦。我记得当时我的想法是让一切都好起来，但我做不到。”看着母亲受苦给迪翁带来深深的创伤，让她形成了自己无能的意识。

她接下来的话，让她早期思维的形成变得显而易见。她说：“永远都不够。无论你做什么，你都必须一直工作到筋疲力尽。”

“这和你今天的状态是一样的，”我轻轻地说，“所以，这就是我们要重新调整的地方。”就这样，我们开始了重塑思维的过程。我喜欢看着迪翁不断刨根问底挖掘出关于自己的真相。几年后，当我采访她时，她变成了一个完全不同的女人。

迪翁说：“在和你一起进行重塑思维过程时，我意识到我是如此专注于其他人，除了不断打击自己，我还能为自己做些什么呢？客观地观察我的行为是我做出改变的开始。”。

没过多久，迪翁就意识到，她通过不断恶毒地自言自语虐待自己是多么残忍。

她承认："我从来没有意识到我选择的方法正在打击自己。我试图用疼痛来治疗疼痛。"在完成第一步识别出她的不健康想法之后，她是这样描述接下来的两个步骤——重构和采取不同的方式应对的："我学会了通过有意识地温柔对待自己来抵制打击自己的冲动。我带着我的'小迪翁'去海滩散步，告诉她一切都会好起来的。这让我的路一下好走起来。我不再不断哀叹，而是能够自信地向前走，走到我应该到达的地方。"

在我们一起工作期间，迪翁也开始了一段感情，他们发展很快，双方都很认真，但她的男朋友住在另一个城市，希望她搬家。她陷入了纠结苦恼中，因为她渴望住得离男朋友更近，但她也讨厌离开自己众多的朋友和忠诚的学生。"我热爱我的生活。我不想离开。"当然，她面临一个紧迫的问题：如果解决不了这个问题怎么办？

当她在如何做决定中苦苦挣扎时，她问了自己一个不同的问题："我从你那里得到的最大收获之一就是，问自己一个对我来说最重要的问题——我到底想要什么？我的第一反应总是'我不能拥有它''这不是给我的''我成不了他们中的一员'。"她回忆道，直到她明白这些都是童年时代留下的错误信息。"现在我再花时间认真思考这个问题时，我就能找到问题的核心，而不仅仅是被动接受。"

当迪翁重新认识了自己的恐惧后，她能够跟随自己的内心并采取行动。"我不是离开，而是在朝着更好的方向前进。"她告诉自己。

“这是我的选择。我愿意冒险。如果最后没有成功解决问题，我会难过。我会因为失去的东西而悲伤，但我会没事的。我可以在任何地方重建我的生活。我以前从未有过这种想法。”

迪翁花了很长时间才在一个陌生的城市立足。但当我采访她时，她花在工作上的时间变得少很多——“我的日程安排是有史以来最轻松的。我的身体感觉很好。”她赚了更多的钱，在各个企业和高端健身房教授健身课程，开办研讨会，就像她长期梦想的那样，将快乐的舞蹈动作、联系灵魂的训练和个人治疗结合起来。

我要把她的成功归功于另一种深刻的识别。她说：“我意识到我一直与家人的联系很少。这让我很难过，感觉自己和他们不一样。”她描述了苦乐参半的独立化过程。“我不再有那种感觉了。我看到了他们在思想和生活上的不同，知道自己与他们的差异有多大。我要用我的钱去做更好的事情，而不是只能拆了东墙补西墙。我不想把这个家庭的缺憾传给我的孩子。”

“还记得曾经毫无规划而生活窘迫的自己吗？”我笑着提醒她。

“是的，我以前总是挣一天花一天，在温饱线上苦苦挣扎。但后来我的思维发生了巨大的转变，”她一边说一边笑了起来，“就在前几天，我妈妈开我的车去机场接我。尽管油箱还有半箱油，我还是去加油站加满了。她很震惊。保持加满油箱对妈妈来说是一个陌生的概念。富人就是这样做的。我告诉她，这是我保持充裕的方式。我以前总是寅吃卯粮，疲于奔命。现在我知道凡事预则立，不能没有积蓄，就像不能等到油箱完全空了才想着加油一样。这就是我的新常态。”她高兴地、感激地与母亲和孩子们分享了她所学到的关于重塑思维的一切，这是一种慷慨而又聪明的方式。教学相长，你在与他人分享时，自己也会把分享的内容进一步强化。

对于从我们第一次见面到现在取得的进步，迪翁完全有理由骄傲一下。她说：“我觉得我在为成功做好准备，工作尽心尽力，注意饮食，调节心态，让自己感觉安全。我不再为钱而压力重重，因为我可以很好地处理它。我从来没有如此爱自己，如此信任自己。”她兴奋地告诉我，她打破了以往的回避模式，不断做出与过去不同的反应。

“我明白了，在事情发生的时候勇敢面对，去解决，而不是它们变成一大片乌云笼罩着我，这让我感到自由，生活因此而改变。”迪翁大声说道，“我的税务问题得到了解决。我曾经有太多的阻力，但我挺过去了。我现在几乎没有外债。我一直害怕和不想面对的很多事情都没有发生。面对问题时，僵硬地逃避比面对更糟糕。”

迪翁刚从奥兰多的尊巴舞大会回来，她告诉我：“尽管那里有非常多我想要的新奇衣服，但我只花了不到100美元。我现在很有意识地控制花销。这给我的感觉不是我被剥夺了消费的权力，它让我觉得我在‘加满自己的油箱’。手里有粮心里不慌，在银行有存款比饥一顿饱一顿的感觉好多了。我再也不想让自己精疲力竭、浑浑噩噩了。”

她承认，仍有一些时候她会陷入对匮乏的短暂恐惧：“但当这种情况发生时，我提醒自己，这种现实都由我而起。当我告诉自己我不能得到某些东西，或者因为它很可怕或很困难去避免一些东西时，我就创造了一种匮乏状态。如果我能创造匮乏，那么我也可以创造富足。”

迪翁告诉我：“我过去认为有一大笔钱才是富足，而我永远无法获得。但我现在觉得拥有的比需要的多就很富足。我觉得我越是在金钱上用心并不断积累，我就越会拥有更多。”听到这些，我知道她已经完全理解了财富的真正含义。

她在我们的谈话结束时总结说：“我的状态很好。我会有一些小失误。我不指望自己是完美的。但我不会让自己再陷入以前的困境。我不再是从前的我了。”

像迪翁一样，每个人都会在某种程度的痛苦或绝望中开始重塑思维的过程。和迪翁一样，那些承诺坚持改变下去并竭尽全力的人最终都会告诉我们：“我不再是从前的我了。”

开启你的新故事

> 我比我过去想的更伟大、更卓越，我不曾知道自己具有这么多的美德。
>
> ——沃尔特·惠特曼（WALT WHITMAN）

我希望本书能为你的未来铺平道路，用思维训练带来奇迹，让你的梦想成真，实现童话故事般的结局：

……她从此过上了幸福的生活。不是因为她找到了她的王子，而是因为她发现了自己的力量。这种力量在她的一生中一直潜伏着，直到命运改变的那一天。就在那天，她偶然发现了一个重塑思维的公式。就好像她（不是她的仙女教母[①]）施了魔法，她深深地爱上了一个她知道可以永远依靠的人——她自己。从那天起，金钱不再是压力或让其分心的根源，而是丰富她生活的工具，也改变了其他人的生活。

最后，我想用一个练习来结束本书。我要你讲一讲自己的新故事。

重塑行动

写出你的新故事

在最后的练习中，你将通过完成下面的句子来写出你的新故事：

“我从此过着幸福的生活，因为……”

---

① 仙女教母是童话故事里守护孩子的仙女，像一位监护人一样，通常被认为是童话故事中对角色提供神奇支持的人物，在需要的时候，她扮演父母或可信赖的朋友的角色，并将她的力量用于帮助主人公成功。

重塑行动

我想让你简要描述一下你渴望的生活，而不是你正在过的生活。二者可能截然不同，也可能只有细微差异。

注意，如果你的想法告诉你渴望的生活不实际，甚至都不合理，你要知道这是你的大脑默认选择了旧的思维方式。你要克制这种顺其自然地接受的冲动。

想想你希望留给后人什么样的遗产。尽情发挥你的想象，大胆梦想。让这件事变得有趣，就好像你是一个玩幻想游戏的孩子。

你的“自我”可能会尖叫：“你不能那样做。你以为你是谁？”忽略它，不断提醒自己：“我正在做一个有意识的选择来决定自己的命运。”

“我从此过着幸福的生活，因为＿＿＿＿＿＿＿＿＿＿＿＿＿＿＿＿

＿＿＿＿＿＿＿＿＿＿＿＿＿＿＿＿＿＿＿＿＿＿＿＿＿＿＿＿＿＿＿＿

＿＿＿＿＿＿＿＿＿＿＿＿＿＿＿＿＿＿＿＿＿＿＿＿＿＿＿＿＿＿＿＿

努力去让这个故事变成现实。相信这是你对未来的渴望。让这些话深入你的心灵，把它们当作你的新座右铭。经常重复这个故事（尤其是当你想放弃，回到老路上时）。在冥想时让自己专注于未来的新生活，当你准备睡觉的时候想象一下渴望的新生活。

识别任何负面反应，并迅速重新构架它们。在做出相关决定时，尽管会感到不舒服，但也要尽力采取与习惯思维不同的应对方式。

最重要的是，你要相信它会成为现实。根据研究，对于重塑大脑的思维模式来说积极的期望比强烈的愿望作用更强。

请放心，这个新故事不是你没有安全感的“自我”所讲述的宏伟故事，而是来自你充满爱的灵魂给出的指引，敦促你成就自己的伟大，并以此激励其他人。这就是在一个黑暗的世界里成为一盏耀眼的明灯的意义所在。这就是当你重塑财富思维时会发生的事情。

参考文献

第一章

1.富达投资.女性投资研究报告：执行摘要［EB/OL］.

2.杰弗里·施瓦茨，丽贝卡·格拉丁.你不是你的大脑：改变坏习惯、结束不健康思维和掌控生活的四步解决方案［M］.艾弗里出版集团，2012.

3.摩根大通.女性在行动［EB/OL］［2018-03-28］.

4.罗娜·萨比娅，麦迪·戴特沃德.女性与金融健康：超越底线.［EB/OL］.

5.托马斯·J.斯坦利.隔壁的百万富翁：美国富人的惊人秘密［M］.泰勒贸易出版社，2016.

6.诺曼·多里奇.自我改变的大脑［M］.企鹅出版社，2007.

7.理查德·奥康纳.重新连线[M].羽毛出版社.2015.

8.安德鲁·纽伯格.你的大脑如何改变：一位领先的神经科学家的突破性发现[M].巴兰坦图书出版集团，2010.

9.乔·迪斯派尼兹.你自己就是安慰剂[M].海氏出版社，2015.

第二章

1.杰弗里·施瓦茨.思维与大脑[M].哈珀·普瑞尼奥出版社，2003.

2.约翰·阿登.重塑你的大脑[M].威利出版社，2010.

3.瑞克·汉森.佛陀的大脑：幸福、爱与智慧的实用神经科学[M].新先驱出版社，2009.

4.莎伦·贝格利.训练你的思维，改变你的大脑[M].巴兰坦图书出版集团，2007.

5.拉克兰·吉尔伯特.想都别想：为什么思想控制如此困难[EB/OL].[2019-04-30].

6.海伦·舒曼.奇迹课程[M].心灵平安基金会，1975.

7.巴塞尔·范德考克.身体从未忘记：心理创伤疗愈中的大脑、心智和身体[M].企鹅出版社，2015.

8.希拉·鲁宾，布雷特·里昂.治愈羞耻感中心[EB/OL].

9.马特·斯韦恩.在健康恐慌期间抑制负面情绪可能会引发恐惧螺旋[EB/OL].[2018-07-10].

10.阿黛尔·阿特金森，佛洛儿·安妮·迈西.12国金融素养研究［J］.养老金经济与金融，2011（10）.

11.雷尔、弗莱和里斯于2013年对1542名澳大利亚女性进行的研究，发表在《经济心理学杂志》，2015年7月。

第三章

1.查尔斯·杜希格.习惯的力量［M］.兰登书屋，2012.

2.佩妮丝·哈金.不能省钱吗？你可以责怪你的大脑［N］.华尔街日报，2018-11-28.

3.本杰明·格雷厄姆.聪明的投资者［M］.哈珀商业出版社，2006.

4.本杰明·斯奈德.传奇投资者沃伦·巴菲特的7点见解［EB/OL］［2017-05-01］.

5.詹姆斯·麦金托什.长期投资的虚假预言家［N］.华尔街日报，2017-10-09.

6.伯顿·G.马尔基尔.如何在定价过高的世界中投资［N］.华尔街日报评论，2018-01-22.

第四章

1.杰弗里·施瓦茨.思维与大脑［M］.哈珀·普瑞尼奥出版社，2003.

2.维克多·里韦罗.什么是忘却：圆桌采访［J］.教育科技文摘，2017-07-13.

3.海伦·舒曼.奇迹课程［M］.心灵平安基金会，1975.

4.巴塞尔·范德考克.身体从未忘记：心理创伤疗愈中的大脑、心智和身体［M］.企鹅出版社，2015.

5.约翰·阿登.重塑你的大脑［M］.威利出版社，2010.

第五章

1.神经病学家.每天七万个想法的神话？［J/OL］.发现.2012-05-09.

2.杰弗里·施瓦茨.思维与大脑［M］.哈珀·普瑞尼奥出版社，2003.

3.理查德·奥康纳.重新连线［M］.羽毛出版社，2015.

4.大卫·伊格尔曼.大脑：你的故事［M］.Vintage出版社，2015.

5.伊丽莎白·伯恩斯坦.同情难相处的人［N］.华尔街日报，2017-07-31.

6.杰弗里·施瓦茨.思维与大脑［M］.哈珀·普瑞尼奥出版社，2003.

7.智慧的话语：没有自我，没有问题［EB/OL］.智慧大脑公告2，2008-11（11）.

第六章

1.约瑟夫·贾沃斯基.同步性［M］.麦格劳希尔，1994.

2.杰弗里·施瓦茨.思维与大脑［M］.哈珀·普瑞尼奥出版社，2003.

3.杰弗里·施瓦茨，丽贝卡·格拉丁.你不是你的大脑：改变坏习惯、结束不健康思维和掌控生活的四步解决方案［M］.艾弗里出版集团，2012.

4.瑞克·汉森.佛陀的大脑：幸福、爱与智慧的实用神经科学［M］.新先驱出版社，2009.

5.杰弗里·施瓦茨.脑锁［M］.哈珀·柯林斯出版集团，2016.

6.黛比·福特.追光者的黑暗面［M］.海氏书屋，2011.

7.迈克尔·梅泽尼奇.软连线［M］.帕纳塞斯出版社，2013.

8.埃莉诺·布朗.另一个宁静祈祷［EB/OL］.

第七章

1.杰弗里·施瓦茨，丽贝卡·格拉丁.你不是你的大脑：改变坏习惯、结束不健康思维和掌控生活的四步解决方案［M］.艾弗里出版集团，2012.

2.学习应对冒名顶替综合征［J］.纽约时报，2015-10-26.

3.约瑟夫·贾沃斯基.同步性［M］.布雷特·科勒出版社，1996.

4 2020年善待自己的8种方式［N］.纽约时报，2019-12-24.

5. 乔·迪斯派尼兹.改变的历程［M］.海氏书屋，2012.

第八章

1.劳伦·苏瓦尔.宽恕的问题［EB/OL］.心理中心网站.

第九章

1.斯蒂芬·戴蒙德.心理治疗的基本秘密：内在儿童［J］.今日心理学，2008-06-07.

2.布鲁斯·D.佩里.受创伤儿童：童年创伤如何影响大脑发育［EB/OL］.美国创伤应激专家学会网站.

3.治疗儿童创伤［EB/OL］.60分钟，2018-03-11.

4.丽莎·史密斯.再当一次你“内在小孩”的父母［EB/OL］.DailyOM网站.

5.戴安娜·拉布.深层秘密与儿童内心治疗［J］.今日心理学，2018-08-06.

6.玛丽·伊丽莎白·迪恩.内心的孩子：它是什么，它发生了什么，我如何修复它？［EB/OL］.更好帮助网站，2020-04-10.

7.好读网.

8.我身体内的孩子：给受伤的孩子的一首诗［EB/OL］.宁静在线治疗网站.

第十章

1.通过重复训练大脑形成良好习惯［J/OL］.神经科学新闻，

2019-01-28.

2.尼尔·埃亚尔.不可干扰［M］.本贝拉出版社，2019.

3.评《不可干扰》：固定我们的注意力.［N/OL］.华尔街日报，2020-04-21.

4.亚历山德拉·沃尔夫.菲尔·赫尔穆特：扑克小子［N］.华尔街日报，2017-08-11.

5.安德鲁·纽伯格，马克·罗伯特·瓦尔德曼.言语改变思维［M］.艾弗里出版集团，2012.

6.海伦·舒曼.奇迹课程［M］.心灵平安基金会，1975.

7.马可·班格尔特，埃卡特·阿尔滕穆勒.钢琴练习中感知到动作的映射［EB/OL］.哈佛大学网站，2003-10-15.

8.迈克尔·梅泽尼奇.软连线［M］.帕纳塞斯出版社，2013.

9.大卫·帕尔穆特.给大脑充电［M］.海氏出版社，2011.

10.布里吉德·舒尔特.哈佛大学神经学家：冥想不仅仅可以减轻压力，也会改变你的大脑［N/OL］.华盛顿邮报，2015-05-26.

11.莎伦·贝格利.训练你的思维，改变你的大脑［M］.巴兰坦图书出版集团，2007.

12.丹尼尔·戈尔曼，理查德·J.戴维森.改变的特质：科学揭示冥想如何改变你的思想、大脑和身体［M］.艾弗里出版集团，2017.

13.为了追求快乐，大脑学会点击重复按钮［EB/OL］.每日新闻网站.

14.凯利・麦戈尼格尔.意志力本能［M］.艾弗里出版集团，2013.

第十一章

1.约瑟夫・贾沃斯基.知识创造的内在路径［M］.布雷特・科勒出版社，2012.